幼儿教育课程

主编 孟长生

北京理工大学出版社
BEIJING INSTITUTE OF TECHNOLOGY PRESS

内 容 提 要

本书系高等院校学前教育专业教材，它以幼儿教育课程的基本概念、操作原理为主线，力求遵循幼儿教育课程形成的工作体系，着眼高等院校学前教育专业学生在校阶段的学习和对课程建设工作需要的适应，按照大学—幼儿园的发展过程，深入浅出地介绍了幼儿教育课程相关要素的基本内涵与操作技能，具有较强的规范性、应用性和先进性特点。

全书共分总论、幼儿教育课程概述、幼儿教育课程编制、幼儿教育课程目标、幼儿教育课程内容的选择与组织、幼儿教育课程活动设计、幼儿教育课程实施、幼儿教育课程评价八章。编者在每章编写上尽量做到基础理论与实践相结合，主要概念的阐述清楚明确，课后操作实践合理，各章节内容的整体衔接妥当，按工作过程展开，有利于学生课程概念的形成及课程工作能力的形成。

本书作为高等院校学前教育专业的教材，主要为幼儿教育课程理论首次学习者提供参考。

版权专有　侵权必究

图书在版编目（CIP）数据

幼儿教育课程／孟长生主编 . —北京：北京理工大学出版社，2017.5
ISBN 978－7－5682－3557－0

Ⅰ．①幼…　Ⅱ．①孟…　Ⅲ．①学前教育－教学参考资料　Ⅳ．①G613

中国版本图书馆 CIP 数据核字（2016）第 318852 号

出版发行 ／ 北京理工大学出版社有限责任公司	
社　　址 ／ 北京市海淀区中关村南大街 5 号	
邮　　编 ／ 100081	
电　　话 ／（010）68914775（总编室）	
（010）82562903（教材售后服务热线）	
（010）68948351（其他图书服务热线）	
网　　址 ／ http：／／www.bitpress.com.cn	
经　　销 ／ 全国各地新华书店	
印　　刷 ／ 北京泽宇印刷有限公司	
开　　本 ／ 787 毫米×1092 毫米　1/16	
印　　张 ／ 9.5	责任编辑 ／ 李慧智
字　　数 ／ 235 千字	文案编辑 ／ 李慧智
版　　次 ／ 2017 年 5 月第 1 版　2017 年 5 月第 1 次印刷	责任校对 ／ 周瑞红
定　　价 ／ 38.00 元	责任印制 ／ 李志强

图书出现印装质量问题，请拨打售后服务热线，本社负责调换

前　言

幼儿园课程是学前教育专业课程之核心，对学前教育专业学生幼儿教师素养的养成具有极其重要的聚焦作用。《幼儿教育课程》进一步巩固高等院校学前教育专业学生的专业认知和情感，发现幼儿教育课程在幼儿教育中的意义及教师对课程的作用，领悟课程的教育作用和教育的活动原理，激发在校生从事课程建设工作的兴趣，培养在校生幼儿教育使命感，塑造自己更为完善务实的专业素质。

近年来我国学前教育越来越普及，国家、社会、家庭也越来越重视学前教育，学前教育质量正在成为全社会关注的热点。学前教育的质量受多种因素影响，而幼儿园课程及幼儿教师素质与学前教育质量具有更为密切的关系，尤其是幼儿教师的课程设计与实施能力。幼儿教育是对3～6岁幼儿的教育，从成人的角度来看，似乎幼儿很好教育，但从幼儿本身来讲，其很多生理和心理活动及能力特别是心理活动特征并不为成人所了解，适合幼儿的幼儿教育课程对幼儿的发展具有更为深刻的意义，幼儿园及幼儿教师必须加强幼儿教育课程建设。

本书在编写过程中力求体现以下编写思想：

1. 努力探索反映幼儿阶段课程的本来面貌

传统幼儿园课程多介绍有关课程研究的普通理论和概况，以中小学甚至大学的课程理论审视解释幼儿园课程现象及问题，对幼儿园阶段、3～6岁幼儿的学习活动特征及活动安排把握并不具体深刻。高职学前教育专业的学生本身富于学科课程经验，幼儿教育课程能帮助他们改变已形成的课程观念，树立实事求是的幼儿教育课程概念，构筑家庭、社区、幼儿园为一体的幼儿园文化。

2. 遵循课程编制的认识程序安排课程章节

幼儿教育课程是以幼儿教师为基础的幼儿园编制的课程，课程与教师、幼儿园，与社会、家庭均有着极为密切的联系。幼儿教育课程让教师成为课程建设者、实施者，赋予教师真正专业工作者的角色，启迪在校生加强专业修养，提高专业工作能力。教材按概述、编制、目的、内容、设计、实施、评价的框架体系，较好地遵循了由理论到实践的认知过程。

3. 启迪在校生处理好职前与职后关系

幼儿教师的课程能力本身是一个不断积累提高的过程，教师专业化发展也是一个不断实现的过程，同时教师职业又是一个极易产生专业停滞的职业。职前打好基础，职后注重创新、发展、建构是现代教师专业发展的必然。幼儿教育课程将高职学前教育在校生的学习当作其职业生涯发展的一个阶段，贯彻幼儿园对服务对象的适应，教师对课程的作用及幼儿教师自身的成长、发展、完善、担当思想，培养在校生不断探索研究幼儿教育现象，加强对幼儿教育课程的建构意识。

本书由孟长生教授主持编写，参加编写的还有何艳楠、于萍、杨文志老师。各章编写任务分别为：总论、第一章、第二章由孟长生老师执笔，第三章、第七章由于萍老师执笔，第四章、第六章由杨文志老师执笔，第五章由何艳楠老师执笔。

在本次教材编写工作中我们得到了合作办学幼儿园老师的大力支持，包括：兴安盟幼儿园于雅凝老师、王孚彧老师、韩冰老师，乌兰浩特市民族幼儿园陈艳老师、乔高娃老师、董玉华老师、阿荣琪琪格老师，乌兰浩特市第一幼儿园高静老师、马慧敏老师、马晓影老师、高慧艳老师、许珍老师，乌兰浩特市都林民族幼儿园丛洪亮老师。在各自幼儿园领导的关心和支持下，他们为我们提供了有关章节的教育活动案例，在此我们表示衷心的感谢。

教材整体框架由主编设计、编写成员共同交流形成，全书统稿工作由主编完成。在定稿前期还对总论、第一章、第二章初稿进行了全员交流。编写人员团结协作，共同努力，认真体现编写思路，力求保证教材质量。

本书在编写过程中，从相关文献和网站上引用或借鉴了部分研究成果，虽然在参考文献中列出了一部分资料的名称和作者的名字，但难免挂一漏万。在此，对所有本教材引用过的文献资料的原作者表示诚挚的谢意！

由于编者学识水平和能力所限，本书难免有不妥之处，恳请读者批评指正。

目 录

总 论 …………………………………………………………………………（ 1 ）
 思考与练习 …………………………………………………………（ 5 ）
 操作实训 ……………………………………………………………（ 5 ）

第一章　幼儿教育课程概述 …………………………………………（ 6 ）
 第一节　幼儿教育课程概念 …………………………………………（ 6 ）
 第二节　当代幼儿教育课程改革简介 ………………………………（ 11 ）
 第三节　在校生课程能力的培养与提高 ……………………………（ 15 ）
  思考与练习 …………………………………………………………（ 17 ）
  操作实训 ……………………………………………………………（ 17 ）

第二章　幼儿教育课程编制 …………………………………………（ 18 ）
 第一节　幼儿教育课程编制概述 ……………………………………（ 18 ）
 第二节　幼儿教育课程编制基本原理 ………………………………（ 20 ）
 第三节　幼儿教育课程编制的基本原则 ……………………………（ 25 ）
  思考与练习 …………………………………………………………（ 26 ）
  操作实训 ……………………………………………………………（ 27 ）

第三章　幼儿教育课程目标 …………………………………………（ 28 ）
 第一节　幼儿教育课程目标的内涵 …………………………………（ 28 ）
 第二节　幼儿教育课程目标的取向 …………………………………（ 32 ）
 第三节　幼儿教育课程目标制定的依据 ……………………………（ 33 ）
 第四节　幼儿教育课程目标的表述 …………………………………（ 36 ）
  思考与练习 …………………………………………………………（ 42 ）
  操作实训 ……………………………………………………………（ 42 ）

第四章　幼儿教育课程内容的选择与组织 …………………………（ 43 ）
 第一节　幼儿教育课程内容的含义及范围 …………………………（ 43 ）
 第二节　幼儿教育课程内容的取向及原则 …………………………（ 45 ）

第三节　幼儿教育课程内容的组织 …………………………………（52）
　　思考与练习 ……………………………………………………………（58）
　　操作实训 ………………………………………………………………（58）

第五章　幼儿教育课程活动设计 …………………………………（59）
第一节　学科领域活动设计 …………………………………………（59）
第二节　游戏活动设计 ………………………………………………（66）
第三节　区域活动设计 ………………………………………………（72）
第四节　单元主题活动设计 …………………………………………（77）
第五节　综合课程活动设计 …………………………………………（81）
　　思考与练习 ……………………………………………………………（87）
　　操作实训 ………………………………………………………………（87）

第六章　幼儿教育课程实施 ………………………………………（88）
第一节　幼儿教育课程实施的含义与取向 …………………………（88）
第二节　幼儿教育课程实施环境创设 ………………………………（91）
第三节　幼儿教育课程实施策略 ……………………………………（96）
　　思考与练习 …………………………………………………………（103）
　　操作实训 ……………………………………………………………（103）

第七章　幼儿教育课程评价 ………………………………………（104）
第一节　幼儿教育课程评价的含义与特点 …………………………（104）
第二节　幼儿教育课程评价的主要内容 ……………………………（106）
第三节　幼儿园教育评价的基本过程 ………………………………（112）
第四节　幼儿教育课程评价的方式 …………………………………（113）
　　思考与练习 …………………………………………………………（121）
　　操作实训 ……………………………………………………………（122）

附录1　幼儿园工作规程 …………………………………………（123）

附录2　幼儿园教育指导纲要（试行）……………………………（131）

附录3　幼儿园教师专业标准（试行）……………………………（138）

参考文献 ……………………………………………………………（142）

总　　论

一、为什么叫"幼儿教育课程",不叫"幼儿园课程"

对于我们这门课程,在我们学前教育专业人才培养方案中叫作"幼儿园课程设计",有的还有叫"幼儿园课程""幼儿园课程论""幼儿园课程概论",等等。

说幼儿园课程,更多地从幼儿园与中小学的学龄阶段加以区别课程特征,有其积极意义,但又隔绝了幼儿园与家庭、社区的联系,企图突出幼儿园的教育作用,却又孤立了幼儿园的作用。把幼儿园课程与幼儿园其他教育活动分离出来,形成课程、教育两重天,削弱了幼儿园教育的影响。说幼儿教育,突出幼儿的年龄阶段特征,避免简单模仿小学甚至中学、大学的课程,对幼儿实施以知识为主的学科教育,倡导遵循幼儿身心发展特征,尤其心理发展特征,对其实施更为适宜的教育。

幼儿由于其生理和心理发展水平所限,不可能像小学生那样静静地坐在教室里,完全听从老师的安排,系统理解、领会、掌握书本知识。更不可能像小学生那样,完全脱离家长、家庭、伙伴,独自在课堂上学习。相反,他们必须时时处于家庭、社会的经验氛围中,借助于经验理解生活事理、社会事理。

幼儿教育课程更注重从目的性、计划性、科学性、可操作性、可接受性的角度研究幼儿教育实施,重在帮助在校生形成更加科学的幼儿教育意识,在幼儿园实施融家庭资源、社会资源为一体的适合幼儿特征的幼儿教育。幼儿教育课程努力寻求使教育者或教师对幼儿的无意识影响过程升华为借助于教育者或教师的素质施加教育影响的过程,帮助在校生树立更为精准的幼儿教育意识,提升师幼交往的质量,增进教师、幼儿园对幼儿的影响。

把课程名称设为"幼儿教育课程",意在进一步融洽幼儿园教育与家庭教育、社会教育的本源共存,还原幼儿园教育基于家庭教育、社会教育,为儿童发展服务的功能。

基于高职的培养目标,我们也要摆脱幼儿园课程、幼儿园课程论、幼儿园课程概论等传统课程体系,只追求理论体系或理论阐释,忽视高职生走向一线教育,应用所学的知识解决幼儿园以及幼儿生活、成长、发展中的实际问题。

二、我们应该成为什么样的幼儿教师

幼儿园教育与家庭教育、社会教育不同,幼儿园教育是按照幼儿成长发展的需要,由社会专门为幼儿安排的教育机构,幼儿园教育对幼儿的成长具有特殊的促进作用。幼儿园教育对幼儿成长的特殊促进作用主要是通过幼儿园组织实施的适合幼儿实际的课程实现的,而幼儿园良好的课程又主要是通过幼儿教师来具体完成。如果没有幼儿教师的具体工作,幼儿园课程当然不会自动对幼儿的成长发生任何影响。因此,可以说,幼儿教师对幼儿成长发展影响深刻。虽说幼儿园的孩子大都3~6岁,他们会在幼儿园教师的影响下有更好的成长和发展。

多年以前,有75位诺贝尔奖获得者在巴黎聚会。人们对于诺贝尔奖获得者非常崇敬,有个记者问其中一位:"在您的一生里,您认为最重要的东西是在哪所大学、哪所实验室里学到的呢?"这位白发苍苍的诺贝尔奖获得者平静地回答:"是在幼儿园。"记者感到非常惊奇,又问道:"为什么是在幼儿园呢?您认为您在幼儿园里学到了什么呢?"诺贝尔奖获得者微笑着回答:"在幼儿园里,我学会了很多很多。比如:把自己的东西分一半给小伙伴们;不是自己的东西不要拿;东西要放整齐;饭前要洗手;午饭后要休息;做了错事要表示歉意;学习要多思考,要仔细观察大自然。我认为,我学到的全部东西就是这些。"所有在场的人对这位诺贝尔奖获得者的回答报以热烈的掌声。

这位诺贝尔奖获得者说他一生里最重要的东西是在幼儿园学到的,这个回答让很多人觉得诧异。但这也足以让我们意识到,幼儿教育对幼儿一生的发展的重要意义。

许多3~6岁的小孩,会在一些幼儿园老师的影响下,在不同年龄段得到适合自己的发展,如他们的语言能力、明理能力、自理能力甚至在绘画、音乐、制作、设计能力方面会得到充分的发展,成为个性鲜明的小孩。最近国内有一所叫"芭学园"的幼儿园很时髦,他们编辑了一本《孩子是脚,教育是鞋》的册子,向幼儿教育同行介绍他们的教育理念和经典课程。在册子的后记中他们写到:芭学园已经毕业了8批孩子,共有150余人,这些孩子去了各种各样的小学,他们大部分在经历了一段适应期后,就变得如鱼得水,而且年龄越大,就越显现出芭学园的特征,他们显示出的自律、主动、负责任、遵守原则、关怀别人、顺应群体、"皮实"抗噪、解决问题能力强等品格受到了各学校老师的好评。

但是也有许多事实说明,人们尽管在办幼儿园,实施幼儿园教育,可是幼儿园教育的效果并不令人满意。

有报道说,芬兰孩子两岁就会用剪刀。报道者说,作为北京师范大学教育家书院的成员,我们有机会走进了芬兰的幼儿园。芬兰幼儿园教室里的环境布置和活动材料的投放和我们并没有太大的差异,但孩子们做的事情却和我们有很多的不同。小班的孩子,在"建构屋"里已经可以使用小剪刀剪牛奶盒,并用自己剪的牛奶盒搭建自己设计的房子。

芬兰的老师告诉我们:"他们不是现在才使用剪刀,在没有入幼儿园前,孩子们已经会用剪刀了。"一位家长也告诉我们:"我家的小家伙,刚满两岁,就喜欢用小剪刀剪各种不同的东西,什么彩纸呀、牛奶盒呀、报纸呀,等等。"我问他们:"孩子们自己在封闭的小活动室里活动,万一他们吵架,互相用剪刀对付别人,怎么办?"老师们告诉我:"孩子们不会这样做,他们从小就习惯用剪刀剪东西,不会碰人的。"

报道者说,我们的幼儿园也这样吗?答案是完全不一样。我们幼儿园的孩子也使用剪刀,但剪刀一定要放在固定的地方。孩子们从小班开始才尝试使用剪刀,即使小班下学期,还会有部分幼儿不会使用剪刀,甚至到了大班,老师也不敢让孩子在自己的视线范围之外使用剪刀。

这个例子很有意思，很生动。剪刀是一个非常普遍的生活用具，但是怎样使用它，竟然还有文化差异。同学们可以想象当教育者第一次面对幼儿遇到剪刀，中国人和芬兰人各自会对幼儿怎么介绍剪刀？对这个问题的想象可以反映同学们文化、教育观的不同。

虽然国内外幼儿期的孩子年龄段是一样的，但是为什么有些孩子能够形成优良的素质，有些孩子就不能呢？甚至还有不少小孩，他们虽也经历了幼儿园教育，但他们不仅不良行为得不到矫正，良好行为得不到塑造，反而学会了一些更为古怪的东西。

最近也有媒体呼吁"教育不能图省事"，说一位浙江妈妈着急得不行——她4岁的女儿自从上幼儿园后总习惯在客厅脱下裤子，然后光着屁股蹒跚着去洗手间。追问下去，她才知道这个习惯是在幼儿园养成的，因为老师要求孩子们光着屁股排队上厕所。

结合以上几个案例，同学们需要思考以下几个问题：

1. 3~6岁小孩能学习吗？我们能教会什么？
2. 3~6岁幼儿教育，与其后续成长有什么关系？我们应该怎么教？
3. 为了教育好3~6岁小孩，我们未来的教师应做好哪些准备？

现在我们换一个角度，也有报道说，十三四岁（初中段）的少年儿童犯罪率最高，或者说，十三四岁是少年儿童最容易犯罪的年龄段。为什么？从儿童成长发展的规律看，这里我们应反思，少年儿童的犯罪行为不是在这一年龄段形成的，而是在六七岁到十一二岁（小学段）形成的，3~6岁（幼儿园段），甚至在0~3岁（乳婴儿段）各阶段发展过程中逐渐产生、形成、发展，到十三四岁时伴随其自我意识的增强、自理能力的提高，这种与外界环境不适应的矛盾才得以爆发。导致犯罪的行为本身经历着一个较长的形成、发展过程，也就是说，如果幼儿园教育阶段幼儿教师是优良的、小学教育阶段小学教师是优良的、家庭教育家长素质是优良的，做好十三四岁前的早期教育，孩子们大都能顺利地度过十三四岁。

三、怎样成为合格的幼儿教师

合格的幼儿教师具有许多我们在校的学生所不具有的个性，也有许多一般教师所不具有的品质。但是如果我们尽早明了合格的幼儿教师的标准，加强幼儿教师素质的培养塑造，那我们可能就会成长为更优秀的毕业生，走上工作岗位初期就很顺利、工作适应也很快，然后工作3~5年就会成长为骨干教师、优秀教师，会受到幼儿的欢迎、家长的称赞。

幼儿教师对幼儿成长及幼儿园课程建设发展的影响极为重要，幼儿教师职业是一个专门职业，要想成为一名合格的幼儿教师，不仅要求我们借助于在专业院校的学习，获得全面科学的幼儿教育知识技能，树立牢固的专业思想、职业理念，还要经过刻苦磨炼。

中华人民共和国教育部2012年2月颁布《幼儿园教师专业标准（试行）》（简称《标准》），对合格幼儿园教师专业素质提出了基本要求，这是国家引领我们幼儿园教师专业发展的基本准则。《标准》首先明确了制定幼儿园教师专业标准的基本理念是"幼儿为本、师德为先、能力为重、终身学习"。在这一理念指导下对幼儿园教师专业标准的基本内容分3个维度、14个领域、62项基本要求进行了具体规定。下面是对3个维度、14个领域的列举。

专业理念与师德：职业理解与认识、对幼儿的态度与行为、幼儿保育和教育的态度与行为、个人修养与行为。

专业知识：幼儿发展知识、幼儿保育和教育知识、通识性知识。

专业能力：环境的创设与利用、一日生活的组织与保育、游戏活动的支持与引导、教育活动的计划与实施、激励与评价、沟通与合作、反思与发展。

同学们可以在课下搜索《幼儿园教师专业标准（试行）》，了解62项基本要求。我们学前教育专业开设的各门课程就是为了帮助大家成为合格的专业教师，但是大家还应该明白，不仅合格本身是对幼儿教师的最基本要求，大家在校的学习与幼儿园、幼儿教育实践总是会存在相当大的距离，而且幼儿教师工作本身又是一个极具实践性、创造性的工作。所以，作为未来的幼儿教师，不应该只满足于成为合格教师，而必须追求成为骨干教师、优秀教师。下面是对同学们成为具有潜力的幼儿教师的几点建议：

1. 要注意学习，积累

学好学前教育专业人才培养方案列出的每一门课程。大学的学习，不同于高中的学习，不只是为了获得高分数的学习，要通过学习注意掌握人生的哲理，改变主客观世界的哲理。结合《标准》思考每一门课程对幼儿教师有什么用，幼儿教师怎样运用每一门课程。这些课程都是作为合格的幼儿教师的基础课程，它着眼于幼儿教师的全面发展、合格发展，使我们从一个普通的大学生转变为一个了解幼儿教育基本原理、具有健康的体魄、健全的人格、高尚的品格和充满激情的学前教育专业毕业生。但是大家还要知道，教科书毕竟是教科书，它与我们的工作生活完全是两码事。所以大家在学习书本知识的同时，一定要做足够的专业工作的准备，同时还要会用专业的眼光看问题，尝试用专业的方式方法解决问题。由于课堂上学习的、老师传授的知识很有限，大家应该利用各种方式途径，进行不断的积累、建构。

2. 注意反思，注重改变

大学学习本身就是青年自我发展更新塑造的过程。在大学以前，大家都已形成了各自的性格特征。有些性格特征适宜大学的学习，后续的成长；有些性格特征不仅不适宜大学的学习，还有碍于后续的成长；还有些性格特征，我们还不具备、不完善。尤其是幼儿教师的职业性格特征，如爱心、童心、耐心、信心、勤奋、精致、机智，乐于表现、善于交际、肯于探究、勇于创新，等等，都是我们新一代的幼儿教师必须具备的。这就要求大家一定要结合专业的学习生活，不断反观自己、改变自己、塑造自己。通过对自己成长发展的反思，来体验幼儿教育理论、探索幼儿成长发展规律，这是一项非常具有学前教育专业特色的学习或研究方法，大家不要只掌握生硬的技能技巧，而应注意养成技能技巧所寄托的情感态度。

3. 要学会发展

中国教师的先贤孔子说：吾十有五而志于学。三十而立，四十而不惑，五十而知天命，六十而耳顺，七十而从心所欲，不逾矩。对这段话，人们的引用比较多，作为人生不同阶段所应达到的生活理想状态的警示。而如果我们从幼儿教师职业发展的角度思考这段话，也很有意思。孔子15岁后立志做学问，30岁选定研究方向，40岁基本精通专业领域，50、60、70岁所达到的学术境界，是超乎古人的，是当今的大学生可以效仿的职业生涯规划发展。最近特级教师于永正老师退休后对教育的反思很流行"假如让我再做老师，我一定……"然后列出：

如果再教一年级，绝不会让小朋友上课尿裤子了；

犯了错误的学生进了办公室，一定请他坐下；

我不会再愚蠢地把分数作为衡量学生优劣的唯一标准；

当导师，不当教师……

于老师说："退休之后的大反思，使我基本上明白了教育究竟是怎么一回事，教语文究竟是怎么一回事。"于老师是国家级特级教师，当了一辈子的小学老师，他不是不会当老师，而是说对教育的认识、对教师的认识、对儿童的认识、对课程的认识，是一个越研究越新、越体会越生动，永无止境，无所穷尽的发现、开拓、创新的过程。

于老师说："假如让我再做老师，我一定……"其实这是一种启发的表达方式，意味着教育的哲理、教育的趣味、教育的幸福。学生不仅在他的幼儿教育年龄段内可以有良好的成长发展，不同时代的学生、不同时代的社会都会有不同内涵的教育，幼儿教师的职责不是仅用刻板理论知识去影响学生，而是不断发现学生的精神、生命，以教师的精神、生命，不断适应并塑造学生的精神、生命的过程。而是要不断发现社会的需要、教育的价值，用教师的自我生命履行教育者社会使命的过程。教师工作尽管辛苦，在一些人看来枯燥、单调、没意思，但对已经投入教育事业之中的教师来讲，这一职业与其他任何在一些人看来高贵的职业一样，是值得的，甚至更有意义。三百六十行，行行出状元。不是行业出状元，而是入行的人成了状元。学前教育专业每一个人都可以选择，学前教育学历证书合格的毕业生都可以拿得到，但是想让3~6岁的幼儿不用园长的权威、不用惩罚训诫就能听我们的话，这是一个非常具有挑战性的理想，看来还是让我们好好研究研究什么是幼儿教育课程吧。

思考与练习

1. 幼儿教育课程和幼儿园课程有什么区别？用"幼儿教育课程"的概念有什么进步意义？

2. 检索《幼儿园教师专业标准（试行）》，看看《标准》中的62项基本要求是什么？并讨论哪些基本要求凭已学过的哪些学科可以养成？哪些基本要求还没有相关的学科？

3. 你怎样让幼儿认识剪刀？与同学讨论怎样让幼儿认识剪刀，不同的教法有什么不同影响？

操作实训

1. 试列举你熟悉的一个幼儿，说说他（她）有哪些优点？有哪些不足？并分析他（她）的优点或不足与其家长的哪些教育方式有关？

2. 小丫今年4周岁。一天，爸爸请电器维修工维修自己家的电热器。维修好后，爸爸要付电器维修工100元的服务费。小丫看到爸爸要给电器维修工钱后，说这是她的钱，爸爸不能给别人，并抓住爸爸的裤腿，哭闹不止。请同学们讨论，小丫为什么会这样？爸爸应怎样引导小丫把钱付给维修工？

第一章

幼儿教育课程概述

第一节　幼儿教育课程概念

一、什么是幼儿教育课程

幼儿教育课程是为了实现幼儿教育目的，由幼儿教育机构所制定实施的幼儿（3~6岁）层次的教育活动规划。课程，在西方文化中，最初的含义是"跑道"，在我国经常把它定义为"学习的进程"，简称学程。简单地说，课程就是某一层次教育机构教育活动的规范、规则，也即人们根据已经认识到的这一层次教育机构教育活动的基本规律而制定的这一层次教育活动的蓝图。课程包括教育机构阐明的教育活动目标、内容、活动组织、教育活动方法运用、教育活动效果评价以及课程实施的思想依据等有关课程实施的基本主张。

幼儿教育机构主要指幼儿园、托儿所、早教中心等，其教育工作者有幼儿教师、保健人员、保教人员，也包括受幼儿教育影响而寻求提高幼儿教育质量的幼儿家长和社会人员。

幼儿教育活动规划可以分两个方面理解，一方面从横向考虑包括幼儿教育机构对某一年龄阶段幼儿所实施的阶段教育活动规划，如学年、学期、单元或主题、周、日教育活动等。这类教育活动在具体实施中，总要分解为不同的具体活动，如一日教育活动就包括晨检、晨间活动、早操、集中教学活动、区域活动、进餐活动、睡眠、游戏活动、户外活动、离园等环节，在幼儿园总体安排下，由不同教师和保教人员分工实施；另一方面从纵向考虑包括幼儿教育机构对整个幼儿教育层次阶段即3~6岁幼儿实施的整体教育活动规划，这类教育活动在具体实施中，主要表现为保育工作、教育工作、家长工作，由幼儿园、托儿所、早教中心总体安排，不同部门分工负责。

幼儿教育课程是由幼儿机构安排的教育活动的规划，这种规划不同于家庭教育或社会教育，它是由社会的幼儿教育机构在幼儿教育活动开始前，根据社会、家庭幼儿教育目的、幼儿教育机构本身对幼儿教育特征及规律的认识和幼儿教育机构自身的文化、师资等条件制定的，有目的的、系统的教育活动。家庭、社会也有幼儿教育活动，但它们的目的性、系统性还达不到教育机构的规划水平。这种规划也不同于幼儿教师实施的教育活动，幼儿教师实施的教育活动是幼儿园教育活动的个别部分、特殊情况，是课程的局部，我们这里指的课程是指具有教育层次整体特色的教育活动，主要指由教育机构本身制定的整体活动规划。

幼儿教育课程，不同于幼儿自然的游戏或成长过程，也不同于幼儿的生活活动。由于它是教育机构的活动，自然增进了幼儿活动对幼儿成长发展的适宜性、计划性、系统性、效益性。无论幼儿园还是托儿所、早教中心，课程的水平首先取决于教育者对活动的组织效益，取决于教育者对幼儿及幼儿发展的综合计划及操控。后者如对幼儿身心发展规律、成长潜力的认识及遵循，对幼儿培养的期望，对幼儿教育的心智投入，等等。

幼儿教育活动由幼儿教师、幼儿、环境、教育目标、教育内容、教育活动、教育效果等不同要素组成，其中幼儿教师作为课程的建设者、组织者和直接实施者，对幼儿的发展起着更为直接的影响作用。

幼儿教育课程是社会实现幼儿教育目的的基本手段，是社会幼儿教育目标落实到每一个幼儿身上的中介，幼儿教育课程对幼儿的适宜性直接决定幼儿教育的效果，影响幼儿的身心健康，引导幼儿的生命发展。

二、幼儿教育课程特征

幼儿教育课程是对3~6岁幼儿实施的，这种课程基于3~6岁幼儿的生理、心理特征所限，与同学们正在接受的高等教育和已经接受过的中等教育、小学教育课程截然不同。除了具有一般课程所具有的规划性、育人性、间接性等特征之外，这一课程还有以下一些特色：

生本性：这是幼儿教育课程的目的特征。幼儿教育课程的目的是对幼儿及人性本真的尊重，是幼儿身体和心理的健康健全成长发展，无论培养目标还是教育内容、教育组织方式都要基于幼儿，为幼儿天赋的全面施展服务。社会、家长越来越重视幼儿教育，但是社会、家长的教育目的一定要定位到尊重幼儿、珍惜幼儿、为幼儿创造适合他们天赋禀性的环境，而不是"起跑""抢跑"，甚至是标准化、社会化。幼儿师资培养越来越专业化，专业化的结果依然应该是教育者愈加学会理解幼儿、尊重幼儿、放飞幼儿，促进幼儿的快乐成长，而不是教师中心抑或是学科中心。生本性要求教育者为幼儿建构他们本来的课程，而不是为他们提供超越他们年龄水平的功利课程。

启蒙性：这是幼儿教育课程的水平特征。启蒙性是我国传统幼儿教育的一大特色，3~6岁幼儿身体弱小，智力不发达，尤其不会用语言与他人进行交流，在传统看来他们还"小"，教育只能启蒙。在现代早期教育看来，0~3岁是"儿童最佳的人生开端"，0~6岁具有许多人生发展的关键期或重要阶段，"儿童发育和学习的关键期恰好处于学前教育阶段"。幼儿可以启蒙、应该启蒙。今天理解启蒙性应注意两点：一是必须重视这一阶段的教育，让每一个3~6岁的幼儿都有条件接受幼儿园教育；二是要注重教育的适宜性，课程在培养目标、教育内容、教育方法等方面做到适合幼儿的生理心理特点，切不可揠苗助长。

简约性：这是幼儿教育课程的结构特征。也可以称综合性、整体性，是与我国传统中小学、大学课程的分科性、学科性而言。我国传统学校的课程都按分科实施，而分科课程不适于幼儿的学习，不利于幼儿形成对生活世界的本源兴趣。幼儿教育课程用最为概括简约的、近乎生活的方式，以增进幼儿对生活世界的及时把握，养成基本的生活习惯，提高生存能力为目的。简约性是教育者对幼儿的自觉适应，是教育者对幼儿生活世界的理智的、积极的、生动的反映，促使幼儿对生活世界产生好奇、兴趣、探求，体验自身与周围世界的共存互动，吸引幼儿对周围世界的向往和迷恋。简约性追求课程全面尊重幼儿教育基本规律，建构实施幼儿的课程。

生成性：这是幼儿教育课程的形成特征。在我国，国家对幼儿教育课程只做宏观的普适性的指导，幼儿园课程主要是在地方政府指导下，以幼儿园为主确定实施。其目的就是为了使幼儿教育课程更能适合家庭、社区、幼儿园、幼儿的实际。幼儿教育课程更重要的责任在于唤醒幼儿对生活的关注和热情，满足幼儿的求知欲望、发展需要。幼儿教育过程必须注重根据幼儿生活经验、发展现实，尤其根据幼儿的兴趣、需要、活动、发现进行更加贴切的建构实施，使课程更适合幼儿。生成性让幼儿体验学习是快乐的、幸福的、本我的。幼儿教育课程的生成性特征，更真实地体现着课程、教育工作者对幼儿的尊重、爱护，社会、家庭对幼儿成长发展的关注、关怀。

操作性：这是幼儿教育课程的方法特征。也可称活动性、游戏性。幼儿阶段的年龄特征决定了幼儿的学习主要以操作学习为主。任何学习只有伴有相应的操作活动，幼儿才易于注意、理解、掌握、运用，对于学习的结果，如果幼儿能够用实际操作加以展示，也就意味着其学习是有效的。操作性贯穿于幼儿学习的整个过程，从操作主体的角度，课程必须给幼儿提供足够的操作工具；从教育影响的角度，课程必须注重幼儿主体性的发挥；从学习持续角度，课程应提倡时间自由、活动自由、展示自由；从学习反馈的角度，课程更关注幼儿观念、情感、态度、行为能力的形成；从学习方式的角度，课程必须允许幼儿离开座位走进区域，走向生活，走向家庭、社区、社会。

直观性：这是幼儿教育课程的内容特征。幼儿教育课程一方面以反映幼儿生活中的事件为主，另一方面又以颜色、动作、角色、比拟、环境、图形、影音等直观方式引导幼儿理解生活事理。幼儿园课程也使用教材，但这样的教材在非专业人士看来"太简单了"。直观性是对幼儿认知特征的呼应，更是对幼儿"人"的关切。课程的直观性，甚至对教育者的语言、动作表达、人格特征都有特别要求。幼儿教育课程无论其目标确定、内容选择、教材提供，还是活动组织、方法运用都须理解并遵从直观性特征，接纳具有差异性的幼儿，为其安排差异性的课程，在课程中培养幼儿的个性、多样性。课程与其说体现在教材上，不如说展现在教师及其组织的活动中。

潜在性：这是幼儿教育课程的方式特征。其他年龄段的课程可以教学计划、课程标准、教材的形式存在，甚至可以将课程标准、教材交付学生，学生在教师指导下开展系统的自主学习探究活动。而在幼儿教育阶段，课程的教学计划、课程标准、教材等存在方式至多只能传递到教师层面，课程不直接作用于幼儿。幼儿教育课程以教师智慧的方式存在于教师头脑中，并以教师机智的方式间接作用于幼儿。课程是"跑道"，但这种跑道是场地、是方向，没有实线标志，没有终点、没有速度限制。它是为幼儿安排的，是激发幼儿奔跑又不会伤害幼儿的生命过程。课程与教师融为一体，教师是幼儿园的代言人，教师是国家教育方针的形象大使，课程使教师更为文化、文明、进步，教师使幼儿以更加符合幼儿的方式在跑道上自由驰骋。

广域性：这是幼儿教育课程的实施特征。在现代社会，幼儿教育主要在幼儿园进行。但幼儿园教育不同于中小学等其他层次的教育。幼儿阶段儿童非但不能与家长和家庭完全独立，而且其心理、人格等社会性的成长发展只有在家庭生活中才能完成。幼儿教育课程是生活的课程，是成长的课程，是家庭、社会的课程。幼儿教育课程不仅是幼儿园和家长（社区）共同建设的课程，而且还是幼儿园教师、幼儿家长、幼儿共同使用的课程。课程的广域性确保教育的适宜性、影响的天然性、互动的趣味性。课程的广域性还幼儿教育以本真、无痕，导致幼儿成长发展的自然自主性。广域性要求所有影响幼儿的因素，尤其是教育者，要养成幼儿教育者的素质和文化，还生活、环境以文化、文明的面貌。

三、幼儿教育课程类型

（一）幼儿教育课程理论层面的课程类型

幼儿教育理论界在研究幼儿教育课程过程中，对历史上形成的国内外幼儿教育课程，借鉴普通课程论的研究视角进行了不同的分类，这里仅介绍一些基本分类及各自类型的概念特色。

1. 依据课程的指导思想，可将幼儿园课程分为三类

（1）儿童中心课程

这种课程强调幼儿的兴趣、需要，关注幼儿参与活动中所获得的经验。课程的内容不能预定，它随着学习情境和幼儿的兴趣不断发生着变化。教师以帮助者身份出现，幼儿学习时多采用主动探索方式，有较大的学习自主性。

（2）社会中心课程

这种课程强调对社会的改造或适应。课程内容的选择和组织主要围绕当代社会中人们迫切关注的社会问题或现存社会的状况和要求来进行。属于此类的课程有多元文化课程、环境保护课程、和平教育课程，等等。

（3）学科中心课程

强调从学科体系出发按照学科知识的逻辑来组织课程。

这三类课程体现着人们不同的课程观念和儿童教育观念。理想的课程状态是兼顾儿童和社会两方面的需要和要求，同时尊重学科的内在逻辑。只是操作起来难度较大，对教师素质的要求也较高。

2. 根据课程的表现形式，可将幼儿园课程分为两大类

（1）显性课程：指幼儿园情境中以直接的、明显的方式呈现的课程，如幼儿园各类教育活动等。

（2）隐性课程：指幼儿园情境中以间接的、内隐的方式呈现的课程，如幼儿园园风等。

3. 根据课程内容的组织方式，可将课程分为两大类

（1）学科课程：是根据幼儿园教育目标、教学规律和一定年龄阶段幼儿的发展水平，分别从各门科学中选择部分内容，组成各种不同的学科，并从课程体系出发，整体安排它们的顺序、授课学时数及期限。在我国，学科课程正在演变为整合课程或综合课程，也即领域课程。

（2）活动课程：与学科课程相对，是从幼儿的兴趣和需要出发，以幼儿的经验为基础，以各种不同形式的系列活动组成的课程。

4. 依据课程管理责任，可将课程分为三大类

这是进入21世纪后，在我国形成的课程管理类型。

（1）国家课程：国家课程是指国家委托有关部门或机构制定的基础教育的必修课程或称核心课程的课程标准或大纲。课程管理权限归国家。

（2）地方课程：地方主要指省、自治区级的地方行政。地方课程专指地方自主开发、实施的课程。课程管理权限归地方教育行政部门。

（3）园本课程：在中小学叫校本课程，在幼儿园叫园本课程，即幼儿园在实施好国家课程和地方课程的前提下，自己开发的适合本园实际的、具有幼儿园自身特点的课程。课程管理权限归幼儿园。

5. 依据课程形成过程，可将课程分为两大类

这也是我国在新近形成的一种课程建设类型。

（1）预设课程：就是教育者预先设计好的课程，是有计划、有准备的课程。

（2）生成课程：根据学生的兴趣、经验和需要，在师、生、环境互动中自主产生的课程。

（二）幼儿园实践层面的课程类型

国内幼儿教育界，在具体管理过程中也都形成了具有地方特色或幼儿园特色的幼儿园课程管理类型。这些类型有的参照理论的分类，有的突出幼儿园自己的理念。

1. 北京幼儿园入园网，幼儿园课程类型主要有三种

（1）学科（课程）：音乐、美术、语言、常识、体育、礼仪习惯等。

（2）活动（课程）：为儿童安排各种有组织、有计划的活动。

（3）经验（课程）：为促进儿童身心和谐发展所提供的有益经验。

2. 上海学前教育网，幼儿园课程类型与结构

（1）基础性活动课程：包括游戏、学习、运动、生活四种课程类型，注重幼儿多种经验的感知与获得。基础课程占总课程的70%。

（2）特色活动课程：包括双语和轮滑两种课程类型，注重幼儿表达表现和交往能力以及运动中潜能的开发与体能的提高。特色课程占总课程的30%。

3. 芭学园课程

（1）常规课程：晨圈、故事、每日主题、生活主题课、远郊活动、社会活动。

（2）特别课程：特殊日、玫瑰典礼、毕业典礼、野外生存、节日、生日、戏剧、演讲。

（三）幼儿园课程与幼儿教育活动

课程的理论研究和幼儿园课程管理的实际实施是不一样的。作为学前教育专业的同学们，应该懂得基本的幼儿园课程理论，这样有助于我们对课程的实际操作。幼儿园实施的课程是幼儿园课程理论在幼儿园教育中的实际运用，不仅不同的幼儿园对幼儿园课程理论的选择、运用水平不同，就是在同一所幼儿园中，对不同理论的运用也都是非常灵活务实的，所以，我们在幼儿园考察到的课程是更加稳定、平实、普遍的教育活动，而非课程。如正在实施的国家教师资格考试指导教材丁海东主编《保教知识与能力》，其目录就有幼儿园教育、幼儿园一日生活指导、幼儿游戏活动与指导、幼儿园教育活动设计与指导、幼儿园领域教育与指导，而没有独立的幼儿园课程的章节。该书在"幼儿园教育活动的类型与功能"节中，将幼儿教育按幼儿园一日活动的特征分为：生活活动、游戏活动、教学活动、运动四类；按活动内容分为：五大领域活动、主题综合活动两类；按幼儿园教育活动的组织类型分为：集体活动、小组活动、个别活动三类；按课程模式分为：集中教育活动、区域教育活动两类。说课程，更侧重从理论的角度研究幼儿教育内涵及其实施，而说教育活动，更侧重从实践的角度研究幼儿教育内涵及其实施，课程的理论性更强，而教育活动的实践性更强，但不能

承认,虽是幼儿教育活动,也不能不尊重幼儿成长发展的基本规律,不能不遵循幼儿教育活动组织的科学性。"对幼儿教师而言,相对于幼儿园课程,幼儿园教育活动(设计与组织)更为重要,它是作为一个专业教师应用教育原理来分析研究教育现象,推动和保证幼儿园教育工作科学化、高质量、高成效进行的关键因素。"

第二节 当代幼儿教育课程改革简介

幼儿教育课程是幼儿的课程,幼儿教育课程虽因幼儿的不同而不同,但幼儿教育事业毕竟是一项社会性、公益性事业,社会需要幼儿园建设更加符合幼儿特征、更能体现时代要求、更能促进幼儿发展的课程。幼儿教育课程是一个不断变化发展的课程。了解国内外幼儿教育课程改革与发展的趋势,有助于我们把握幼儿园课程建设与发展的方向,建设基于本园现状、反映社会发展需要的幼儿园课程。

一、国外幼儿教育课程改革理念动态

曾有学者研究20世纪末日、美、德、法四国幼儿教育课程改革历程,指出世界幼儿教育课程发展的基本动态是:60年代,受苏联卫星上天的影响,兴起"天才教育运动",强调智力开发;70年代,转向创造性培养,强调思维训练和知识的难度;80年代,人文主义教育思潮兴起,课程目标的中心转向人的情感、社会性的培养;进入90年代,则关注人的整体性及和谐发展。并从上述各国幼儿教育课程的发展动向中,总结出21世纪各国幼儿教育课程发展的一般趋势,包括以下几方面:

(1)强调幼儿主体性的发展。把幼儿看成一个人,尊重他,平等地对待他,做他的伙伴与朋友。自我的主动构建成为各国幼教课程的基本精神之一。

(2)强调幼儿学习的积极性和主动性。鼓励幼儿积极、主动地参与,自由地发展。体验是儿童中心课程观的根本。

(3)强调在活动与游戏中学习。课程设计的中心是活动环境与游戏情境的创设。游戏是课程活动的基本方式。

(4)强调幼儿的情绪、情感、态度、动作的发展。生活化的真实体验是幼儿学习的重心。强调课程内容的现实意义,如环境保护意识的培养。

(5)树立大课程观。加强幼儿园与家庭的合作,鼓励并安排家长参与幼儿园教育。

(6)混龄编班已成为各国幼儿园学习组织的基本形式。

(7)尊重幼儿的个别差异,促进幼儿的学习兴趣、风格和个性特点。

(8)强调每个幼儿都具有可教育性,幼儿的发展只是速度上的差异,没有优劣之分。教育要充分关注每个幼儿的发展并给予他充分的发展时间。

也有研究者研究世界发达国家幼儿教育课程改革动态,指出21世纪初期,在教育民主化、个性化等浪潮的冲击下,世界发达国家纷纷对幼儿教育课程进行了改革,并呈现出以下五大特点:

(1)课程设置规范化。21世纪初期,在促进幼儿教育公平和提高幼儿教育质量的背景下,世界发达国家改变过去凌乱的幼儿教育课程设置,开始制定统一的国家课程或出台幼儿教育课程标准,课程设置出现规范化的趋势。规范化的前提是尊重所有儿童的权利和价值,

为所有儿童建立发展目标。课程规范化的主要目的在于规范幼儿园的教育内容,提高幼儿教育的质量。

（2）课程目标全人化。世界发达国家主张培养"完整的儿童",强调采用主题、单元或领域等各种形式整合学科,从而使知识之间、认知、情感、体验之间、学科和儿童生活之间形成有机的联系,促进儿童的全面发展。课程目标方面,虽然世界各发达国家幼儿教育课程的目标各不相同,但大多强调课程要促进儿童的全面发展,设立了众多的发展领域。

（3）课程内容多元化：在教育民主化的浪潮之下,世界发达国家纷纷把实现教育公平作为幼儿教育的目标,相应的幼儿教育课程内容呈现出多元化的发展趋势。幼儿教育课程内容的多元化不仅包括多模式、多领域,而且还包括多元文化的渗透,尤其是一些移民国家和多民族国家。

（4）课程实施游戏化。国外的许多研究表明儿童通过与他们周围的人、事物、环境的互动进行学习,儿童的学习是建立在游戏和意义建构的基础之上的。因此在课程实施途径方面,许多发达国家都强调让儿童在活动和游戏中学习。

（5）课程资源社区化。儿童的发展是儿童与学校、家庭、社会等各种因素相互作用的结果。要促进儿童的最终发展,就必须把各种教育因素统一起来,综合利用教育资源,发挥教育的合力作用。幼儿教育机构与社区的沟通和结合,正在被越来越多的国家政府重视。幼儿教育社区化正成为世界幼儿教育发展的重要趋势。各国不仅以社区为基础开发幼儿教育课程方案,而且充分地利用社区资源。

二、我国学前教育课程改革与探索趋势

学前教育课程的改革与建设是我国学前教育改革与发展的微观层面内容。我国学前教育在这一层面上改革与发展的趋势,在根本的价值走向上,就是由过去对于儿童本身之外的学科取向的知识、技能转向对于儿童及其儿童自己的活动和经验的聚焦。

理论与实践脱节,是我国当前学前教育课程模式变革中急需解决的问题。为此,近几年政府连续出台了一系列政策,下发了《关于规范幼儿园保育教育工作,防止和纠正"小学化"现象的通知》,颁布了《3~6岁儿童学习与发展指南》（以下简称《指南》）,实施幼儿教师国家级培训计划等,引领公众将目光重新聚焦到促进儿童全面发展这一根本目标上,在制定政策时凸显出理性的考虑。课程是对实现幼儿园教育目标的总体构想,也是历次学前教育改革的核心。让教育目标回归儿童本身,不仅需要自下而上的探索,而且也需要自上而下的引导。坚持以儿童发展为主的价值取向,政府在加强宏观指导的同时,在具体课程模式和内容改革上放权,让幼儿园课程管理走向多元、走向开放、走向自主,是当今我国学前教育改革发展的主导趋向。

三、从国内外幼儿教育课程改革动态中应受到的启发

（一）幼儿教育课程是一门重要的学问

俗语说：家有三斗粮,不当孩子王。本义似乎是对幼儿教师的一种贬损,但是不是还有幼儿教师不好当的感叹呢？俗语又说：三岁看大,七岁看老。强调了幼儿教育影响的深刻性、持久性。

我国近代著名教育家陶行知有一首诗：人人都说小孩小,其实小孩并不小,小孩人小心

不小,如果硬说小孩小,就比小孩还要小。这是陶行知先生20世纪二三十年代,在中国传统文化下对小孩的发现。陶行知要说服大人时,大人们并不服气,甚至嘲笑陶行知,陶行知很坚定,说:如果硬说小孩小,就比小孩还要小。这就是儿童观的对峙、冲突,很顽固,需抗争。

以上两例就是对幼儿教育课程的一个很生动的说明。幼儿年龄只有3～6周岁,身高91～98厘米,体重13～16公斤,似乎还很小。但在现代科学看来,在这个时期人不仅应该接受科学的、社会教育机构的教育,而且已经接受了3年的教育。

3～6岁是每一个人都经历的成长阶段,幼儿教育课程是一门重要的学问,主要有两方面的含义:一方面,这是每一个幼儿都需要的课程,尽管很多成人都经历过,但并不清楚它究竟应该是什么样的课程;另一方面,当今幼儿教育课程被中小学等其他功利课程淹没严重,一些非幼儿教育课程侵吞幼儿生活的现象正在不断蔓延。一方面科学的幼儿教育没有得到推广普及;另一方面迷信的、功利化的幼儿教育又强势袭来。寻求并实施现代幼儿教育课程是时代、社会赋予我们幼儿教育机构的一项迫切任务。

(二)幼儿教师对幼儿教育课程负有重要责任

在中小学界,我们经常听到一些人这样安排使用教师:教不了高中教初中,教不了初中教小学,教不了高年级教低年级,甚至教不了一年级让他教幼儿园。且不说这种管理的效果,这些人绝对误解了幼儿园,误会了幼儿教育课程。

幼儿教育不同于中小学教育,幼儿教育课程截然不同于中小学课程。不能说有了一定的文化知识,甚至教不了中小学也能教幼儿园。幼儿教育课程不能照套中小学的教育内容、方式、方法,这其中一个重要的特征就是,幼儿教育课程是一种生成课程。

生成课程是现代幼儿教育工作者影响幼儿的基本方式,是基于现代幼儿观的教育观、教师观、课程观。幼儿具有主体性又不能完全自主,具有探究能力又不会自主探究,具有发展潜力又不会自主发展,幼儿是需要教师指导又来不得教师半点包办的学习者。有专家说:"会选择和生成课程及教育活动是一种本领",事实上,生成课程是幼儿教师的使命。

幼儿教育课程是广域课程,其目标是人,而出发点是具体的幼儿,是发展水平、兴趣、爱好、性格、特长、成长环境各不相同且具有了雏形的幼儿,是适应性极高、可塑性极强的人。尽管幼儿学习能力很强,在传统教育下的确也能学会很多东西,但在现代幼儿教育看来,幼儿教育课程是关于人、人的精神的课程,是生活、是生命,而非简单的知识、技能、非机械训练、死记硬背。幼儿教育课程是借助于文明传递文明,借助于文化传播文化,借助于生活塑造生命,借助于人培养人,是最具灵性的人间活动。

幼儿教育不允许实施像传统中小学那样既定的课程,也没有既定的教材,幼儿教师的课程,是教师发现幼儿,在幼儿自主活动中引导幼儿自主发展、发展幼儿自主性的过程。相对中小学课程的教材,幼儿教师的教材是幼儿教师的机智,是幼儿教师对幼儿的共鸣,而这种机智和共鸣本身都是教师接触幼儿、观察幼儿的发现、探究、创造,是幼儿发展的雨露,而不是乌云,更不是冰雹。当然,幼儿教育课程不是玄乎其玄、深不可测的,就像同学们每天打扮自己、满足自己的需求一样,假如我们关注幼儿、为幼儿着想,幼儿的疑问和探究发展始终应该在他们的年龄水平的最近发展区内,他们问题的答案都会在教师的智慧和在这种智慧下形成的师生关系中,至为重要的是教师理解幼儿、尊重幼儿,学会与幼儿合作。

幼儿教育课程的生成性,并不否定幼儿教师对幼儿教育课程研究甚至幼儿教育课程理论研究的重要性，相反，对幼儿教师课程理论素养的要求更为现实紧要。因为在生成课程中，幼儿教育课程的所有要素如课程目标确定、教育内容选择、教育活动方式组织、教育方法运用、教育活动效果评价等都由幼儿教师自己来判断决定，这就要求幼儿教师拥有更为完整、科学的幼儿教育理论知识和更为娴熟的幼儿教育活动组织实施能力，要求幼儿教师善于组织能够满足社会及家长需求、适合幼儿年龄特征兴趣爱好、反映幼儿园发展愿景、展示教师个人风采的教育教学活动。

幼儿教育课程是幼儿园完成幼儿教育任务、实现幼儿教育培养目标的根本依据。教师的课程是幼儿教育课程即幼儿园课程的一部分，幼儿园的课程是由幼儿教师建设实施的课程，幼儿园课程质量的好坏就是幼儿园管理、幼儿教师素质高低的一项表征。作为个体的幼儿教师，从一开始就将自己纳入幼儿园课程建设团队，关注幼儿园课程建设，参与幼儿园课程建设，承担并完成幼儿园课程建设任务，在推动幼儿教育课程发展的同时实现教师自身的专业成长。

（三）幼儿教育课程的根本是什么

幼儿教育课程的根本是什么？知识？技能？经验？活动？生活？游戏？

幼儿教育课程是幼儿教育机构（幼儿园）有目的、有计划、系统的教育活动安排，这种课程对幼儿教师个人来讲，它只是幼儿教育理念、规划、方案，是幼儿园的、教师的、课前的。幼儿教育课程是生成课程，教师还要善于将幼儿园的课程、教师的课程、课前的课程落实为幼儿班级的、当时的、幼儿的课程，教师对幼儿教育课程负有更为直接的责任。知识、技能、经验、活动、生活、游戏等都是幼儿教育课程的重要因素，有时甚至是关键因素、特色因素。但是这些因素不能成为幼儿教育课程最根本的因素，因为这些因素固然很重要，但有些因素不会对幼儿的发展自然产生影响，有些因素又容易误导幼儿的发展、导致幼儿成长的意外。教师的课程是在具体的、现实的幼儿教育活动中，教师引导幼儿，让幼儿感触知识、技能、经验、活动，进而形成幼儿的认知、技能、经验、态度与行为的过程，这种课程既不是幼儿园为幼儿教师提供的教材，也不是幼儿教师在课前完成的教案，而是教师根据幼儿园课程和自己的教案组织的以适合幼儿的方式，促使幼儿成长发展的过程，所以，幼儿教育课程的根本因素是教师素质，是教师的幼儿教育素质。

教师的幼儿教育素质，包括科学的幼儿教育观、勤奋的幼儿教育行为、敏锐的幼儿教育观察能力、热情的幼儿教育情绪、主动的自我完善品质。

科学的幼儿教育观。教师的幼儿教育观要高于普通家长的幼儿教育观，也要高于昨天的幼儿教育观，如幼儿教育功能观、幼儿教育目的观、幼儿教育内容观、幼儿教育方法观等方面，教师要形成先进的理念和有效的方法。

勤奋的幼儿教育行为。幼儿教育工作是一项非常细腻的工作，在一些人看来是很乏味的。但是也有很多成功的经验表明，教师越勤奋，幼儿成长发展越鲜明越生动，而一旦幼儿有了成长发展以后，教师的体验就是一种生命存在，而不是烦与不烦或琐碎，是一种成功、收获的喜悦。教师的勤奋本身就是一种教育幼儿方式。

敏锐的幼儿教育观察能力。观察能力是幼儿教师发现幼儿、诊断自己教育行为、掌控教育契机的主要途径。"观"指看、听等感知行为，"察"即分析、思考等思维活动，幼儿不同于一般成年人，更不同于一般的物体，教师的观察越敏锐，对幼儿的发现就越及时、越精准，教育就会越贴近学生，师幼互动就越融洽。

热情的幼儿教育情绪。教师情绪是幼儿园创建良好人际关系的具体环境,教师热情的情绪是滋养幼儿快乐、自信、诚信、开朗、机智等人格特征的主要渠道,是极为宝贵的幼儿教育资源,本身也是幼儿教师的一种工作动力源。

主动的自我完善品质。时代变化、知识更新、社会进步、教师变老、幼儿更替,要求幼儿教师具有主动自我完善的品质,主动的自我完善品质,是幼儿教师保持自己永远年轻、合格、优秀的基本素质要求。受过专业培训的幼儿教师,更要当善于跟着时代的发展而发展的教师,当善于发现并能够以符合幼儿成长发展特点应对幼儿的教师。

第三节　在校生课程能力的培养与提高

幼儿教育课程是随着幼儿教育事业的发展而不断发展的。促使幼儿教育课程发生变化的是社会、幼儿的需要,而导致幼儿教育课程满足社会需要的是幼儿园及幼儿教师。幼儿教育课程组织与实施能力是学前教育专业学生的核心能力,是合格幼儿教师的必备条件,课程能力的培养与提高是学前教育专业同学在校专业训练的核心点。

一、学好学前教育专业基础理论,树立进步的幼儿教育观

学前教育专业人才培养方案开出的普通心理学、教育学、中外学前教育史、幼儿心理学、幼儿教育学、幼儿卫生保健、幼儿教育政策法规等课程,都是帮助学前教育专业同学树立科学的幼儿教育观的基础课程,尤其是幼儿心理学、学前教育学是基础的核心,前者重点介绍幼儿心理特征、幼儿心理形成发展规律,后者则介绍教育者如何根据幼儿心理规律实施教育。通过专业基础理论的学习,同学们一定要树立幼儿可以进行教育、幼儿因教育的不同而发展不同的观念,进而思考:为了促进幼儿更好的发展,我应该准备什么?怎么准备?

二、突出课程理论及教学法课程,掌握专业基本技能技巧

学前教育专业同学毕业走上工作岗位后,都是专业工作者。因此,我们的工作责任、工作质量就不能只停留在"哄小孩、看小孩"的水平上。专业教师与保育人员比较其更主要的责任在于为幼儿创设更适合其身心发展特点的环境,以科学的方式促进幼儿身体、心理、人的精神的形成和发展。

在学前教育人才培养方案各类课程中,幼儿教育课程(幼儿园课程)、各领域教学法及学前教育研究方法是最为具体、最为实质的课程。幼儿教育课程主要介绍幼儿教育阶段课程的基本理论、基本方法,并以幼儿园各种教育活动(课程)的设计实施能力的培养为目标。各领域教学法课程则分领域、活动,专题介绍有关领域、活动的理论与实践操作,是课程理论的具体化。对于这些课程,同学们一定要本着理论为实践服务的理念学理论,课堂为课程服务的理念学操作,结合在校的理论学习,坚持开展实训活动,针对幼儿园常规课程选择课题、编写教案、试讲、试演,直至走进幼儿园设计实施教育活动,切身体会课程理论、教学法、学前教育研究方法的基本技能技巧,一定要达到基本熟练的水平。

在我们的专业人才培养方案中,还有不少课程,如艺术类、科学类、社会类、语言类、健康类的课程。同学们更不能忽视对这些学科的学习,这些学科是适应对幼儿实施全面发展

教育和个性化教育而准备的课程，如要发展幼儿的艺术能力、要适应幼儿的艺术天赋，怎么办？就要求我们的老师要有艺术素养，要善于辨别某个幼儿具有哪方面的发展需求，如何引导满足幼儿这方面的发展需求。幼儿教育发展的要求似乎不高，但对教师素养的要求是全面的、综合的。因此，同学们应根据各自的兴趣、爱好、优势、不足，设计实施个人的职业发展规划，既扎实又灵活，努力将自己塑造为全面发展的新时代幼儿教师。

三、积极参加课外、校外教育实践活动，实现最优化全面发展

课内发展是共同发展，是基本要求，而课外发展是差异发展，个性化要求。我们的教学计划除了安排二十几门课堂学习的专业学科外，还有不少在课程表中没有列出或没有强行要求的课外、校外教育活动，如各类选修课、课外兴趣小组、比赛、竞赛、假期实践、幼儿教育观摩，等等。学好课程表列出的课程我们只能学会大家都会的东西，如果课程表列出的课程都学不好，那叫不及格了，我想任何一位同学都不愿意。而课外活动、校外活动呢？那是供你个人选择的，就像同学们走进超市，一定要知道自己需要什么。别看不强迫，这对同学们个性化成长、个性特长养成极为重要。有关学科的基本技能技巧必须通过专门训练才能形成，而运用理论解决实际问题的能力则必须在日常生活实践活动中积累培养，所以，同学们千万不要小瞧课外、校外教育活动，通过课外、校外教育活动，既可以开阔同学们视野，锻炼同学们的意志、培养同学们的才华，还可帮助同学们发现自己的能力擅长，发现自己在生活中的用处，让别人发现我们，等等。同学们应该根据自己的兴趣、爱好、不足、理想，主动积极选择参加课外、校外活动，刻意锻炼自己，塑造自己，要从课内懂理论、校内有知识的人，转变为有理论会应用，有知识善创新的新时代幼儿教师。

四、深入学前教育实践，尝试将理论运用于实践

3~6岁是成人最易忽视和误解的年龄段，也是发展最为活跃、变化最为迅速的年龄段，理论联系实际是学前教育专业同学从入学就开始且贯穿于整个学习过程的课程活动。学理论前了解传统的儿童、学理论中了解理论的儿童、学完理论后了解教育中的儿童，这是学前教育专业学习的实践—认识—再实践。学前教育理论是应用性非常强的理论，高职教育的目标是培养技能型、应用型人才，只要有人的地方就有孩子的存在，只要幼儿与大人接触交往，就会发生幼儿教育现象、课程活动。同学们一定要注意在日常生活中观察、体会，每遇到一个问题都应该尝试解释、解决、反思总结。系里安排的见实习阶段，更要增强目的性、自觉性，除按照系里的安排开展有关活动外，一定要自己多加琢磨思考，积累经验，可随时保持与幼儿家长、幼儿教师、幼儿的联系，通过电话、通过课余时间、周六、周日、长短假期，都可以。

五、首先学会组织实施幼儿园四类基本课型

幼儿教师素质是同学们在教师指导下，自己塑造自己的过程，教师素质的提高又是一个螺旋渐进的过程。教师课程能力是一个由多维结构构成的整体，同学们应该根据总的发展目标，规划自己不同阶段、不同方面的发展意向，稳扎稳打，不断趋近，实现个人的可持续发展。一日生活、领域课程、游戏课程、主题活动课程四类常规课程，是幼儿园教育活动的基本展开过程，在校阶段，同学们可以根据不同类型课程各自的结构、顺序进行循序渐进的练

习，逐步培养提高。同学们还可以做两手准备：一是学好当前正在学习的，老师怎么要求，同学们做到什么程度，每讲一章一节同学们都要开展扎实的探究练习活动，甚至做得更好；二是储备自己的能量，利用课余时间广泛开展课外阅读探索活动，积累幼儿园各类课程活动的案例、幼儿教师的案例、幼儿园的案例，以备走上工作岗位后，施展自己的才华。走上工作岗位后，先学会组织幼儿园最常见的课程，当一名合格的教师，这个过程如果用心，2～3年时间就能完成，然后根据幼儿园发展、社会发展、个人发展和满足幼儿个性发展的需要，学会自己创建课程、拓展课程。

思考与练习

1. 什么是幼儿教育课程？什么是课程的进程？
2. 幼儿教育课程的特征有哪些？
3. 理论层面的课程分类有哪些？各自划分的依据是什么？
4. 我国学前教育改革与探索的趋势是什么？课程改革的根本价值走向是什么？
5. 怎样理解幼儿教育课程是生成课程？
6. 《幼儿园教师专业标准》基本内容的3个维度、14个领域分别是什么？

操作实训

（以下实训需要提前安排，也可以回顾同学们已开展过的见、实习）

1. 利用见实习、假期机会，考察一所幼儿园，看看这所幼儿园的课程类型有哪些。
2. 利用见实习、假期机会，听幼儿园一节课，看看这节课和我们大学的一节课有什么不同。
3. 结合听课，翻阅幼儿的课本，看看教师怎样运用了幼儿的课本。
4. 几位同学组成一个小组，走访一位幼儿园教师，听一听教师对幼儿园课程的理解。
5. 几位同学组成一个小组，走访一位幼儿园园长，听一听幼儿园园长对幼儿教师素质的主张。

第二章

幼儿教育课程编制

幼儿教育课程与幼儿园、幼儿教师、幼儿、家庭、社会共生存。社会、家庭、幼儿是幼儿教育课程的直接需求者,幼儿园、幼儿教师也是幼儿教育课程的需求者,但他们更是幼儿教育课程的供给者。随着时代的发展,社会、家庭、幼儿不断对幼儿园提出提高课程质量的要求,而幼儿园、幼儿教师必须及时对社会、家庭、幼儿的需求做出反应,调整、优化自己的课程行为,提高自己的课程质量,满足社会、家庭、幼儿的需求,求得幼儿园新的生存。

第一节 幼儿教育课程编制概述

一、幼儿教育课程编制的概念

幼儿教育课程编制是指幼儿教育工作者综合幼儿园文化、师资、设施设备、幼儿发展水平、家长社会对幼儿发展需求、幼儿园发展愿景,对下一阶段将实施的幼儿教育课程进行的编订工作。

课程编制涉及课程所有环节的主要问题,如课程目标的厘定、课程内容的选择、课程方法的运用、课程活动形式的组织、课程环境的创设、课程效果的评价,等等。因此,课程编制是一项综合性、系统性的工作,这也自然决定了课程编制的难度。

课程编制工作是幼儿教育工作者有目的、有计划地形成新的课程内涵的过程,与对幼儿教育课程概念的界定一样,这里的课程编制主要指幼儿园层面的课程规划编制,至于教师个人的课程编制,如教育活动设计、教案编写则作为微观层面的问题,需要同学们在具体章节中了解。

幼儿教育课程编制可以统筹幼儿教育课程资源、总结幼儿教育办学经验、完善幼儿教育课程设置与实施、提高幼儿教育课程质量,课程编制是幼儿园一项基础工作,对幼儿园及教师发展具有重要的战略意义。

二、幼儿教育课程编制的层次类型

根据幼儿教育课程编制者的不同,我们可以将幼儿园课程编制划分为:幼儿园自己编制课程、国家或自治区统一编制课程和某专家组编制课程等不同的课程编制方式。

幼儿园自己编制课程是幼儿园自己组织编订的幼儿园课程。尽管这种课程的编制难度较大、编制质量较差，但这种编制方式在我国各地幼儿园还比较普遍。各地幼儿园开始时都有教育行政部门指定的统一使用课程，在持续的运用过程中，遵循幼儿园差异、教师差异、幼儿差异，各个幼儿园没有强制实施某套统一课程，形成了在幼儿园指导下，由教师个人或年组段、领域教师团队组织的幼儿园实施的课程。这种课程很少公开交流，主要以各幼儿园的管理规定和教师的教案方式体现。

随着我国教育改革的深入，幼儿教育适应社区文化实际、民族文化特色和当地经济社会发展现实的要求，促进幼儿适宜发展，园本课程、教师编制课程正在成为我国幼儿园课程管理的新趋势。

国家或自治区统一编制课程是由国家或自治区教育行政主管部门统一组织编制或指定的课程。这种课程在过去比较流行，模仿中小学课程，这类课程一般都配有由区级以上教育行政部门审定的教学指导书、教材和教学用具。尽管编制的教材比较规范，但与各个幼儿园的师资、设施设备、环境差距比较大，难以统一实施，所以这种课程更多是为幼儿园及幼儿教师提供了一个课程范例，对同一套教材不同幼儿园、不同幼儿教师实施的实际大不相同。

某专家组编制课程是指在有专家条件的地区或幼儿园，由幼儿教育专家编制课程，在幼儿教育专家的指导下，由幼儿园及幼儿教师实施教材。专家由师范类院校的教育学或学前教育学专业教师组成，幼儿园开始是师范类院校设置的附属幼儿园，教材使用一段时间后相继在师范类院校当地或其他地区的幼儿园采用。这种课程首先教材比较新颖，能够吸收国内外最新幼儿教育理念、内容、方法、组织方式，适合地区或幼儿园实际，且专家经常参与课程的实施，直接帮助幼儿教师素质的提高，可以说，质量比较高、效果比较好。

当今的幼儿教育课程已经越来越依赖教师的构建，所以我们着重研究以幼儿教师为基础的幼儿园幼儿教育课程的编制问题。

三、幼儿教育课程编制的依据

任何课程的编制都有课程编制者的教育文化理念依据，尤其在世界文化交流日益加深的今天。我们经常会听到各种典型的幼儿教育课程名称，像大家比较熟悉的福禄贝尔课程、蒙台梭利课程、瑞吉欧课程、多元智能课程、认知课程、建构课程。我们中国的陈鹤琴的"五指活动课程"、张雪门的"行为课程"、张宗麟的社会化课程，等等。这些课程之所以成为特色课程就是因为各个课程主持人的教育文化理念不同，对课程的理解不同。而且也不同于各自的传统教育、传统文化，形成了既有别于传统教育、传统文化，又适应时代、社会、儿童发展需要的新的教育理念、课程理念。课程是幼儿园借助于文化培养幼儿的主渠道，幼儿教育课程编制与社会文化有着密切的联系。

幼儿教育课程编制的理论依据：

一般认为，对幼儿教育课程编制产生影响的主要理论有：哲学、社会学和心理学。哲学、社会学和心理学是直接决定同学们幼儿教育课程意识和课程行为的文化因素，同学们在校期间不仅应该注重对这些学科的学习探讨，在走上工作岗位后更要关注这些因素的发展变化，以更好地完善自己，保持为课程建设服务的良好素质。

幼儿园课程编制的法规依据：我们说教师对幼儿教育课程编制负有重要责任，幼儿园园长是幼儿园课程管理的首要责任人。但这并不是说，幼儿教育课程是幼儿园或幼儿教师随意编制的。在我国，幼儿教育已经成为国民教育体系的重要组成部分，国家通过制定有关法律法规，规划幼儿教育事业发展，规范幼儿教育课程管理，所以，国家当前的有关幼儿教育事业发展及幼儿教育课程建设的法律法规是我们编制幼儿教育课程的直接的法规依据。如2001年由教育部颁布实施的《幼儿园教育指导纲要》（以下简称《纲要》）就是当前幼儿教育课程编制的直接法规依据。再如2016年3月修订实施的《幼儿园工作规程》（以下简称《规程》）、2012年9月颁布的《3–6岁儿童学习与发展指南》（以下简称《指南》）都是对我国当前幼儿教育课程具有重要影响的法规文件。《规程》《纲要》是我国幼儿园课程管理的基本法规，在一定历史时期都要进行修订实施，可以说，这些法规就是这一时期国家层面幼儿教育哲学、心理学、社会学研究成果的集中体现，作为幼儿园管理者和幼儿教师一定要了解这些法规文件，掌握国家幼儿教育课程管理的基本法规导向，调整并端正幼儿园和教师课程建设的基本方向、内容，确保幼儿园课程建设的效益和质量。

根据国家法律法规，自治区、盟市教育行政也会适时颁布对辖区幼儿教育事业发展的实施意见或对幼儿教育课程实施的意见，这是地方教育行政管理对幼儿园教育与幼儿教育课程建设更为直接的、具体的指导意见，有助于我们建设更加符合地方、民族、社区、幼儿园甚至教师特色的幼儿教育课程，同学们也要养成经常关注这方面动态的习惯，经常了解掌握这方面的信息，确保自己的课程行为不落后于时代和社会的发展。

第二节　幼儿教育课程编制基本原理

幼儿园课程编制的过程是幼儿园适应社会、家庭、幼儿的需要，不断改进幼儿园的服务方式，通过提高幼儿教师素质，建设幼儿园文化，实现课程、幼儿教师、幼儿园发展的过程。课程实施发生在教师日常教育教学中，课程编制是对教师课程实施的优化、整合，教师的课程经验是幼儿园课程编制的基础。幼儿园要将课程建设工作作为一项常规性、专业化管理工作内容，根据本园课程与教师现状，按照每年一小轮、3年一大轮的周期，统筹安排课程编制活动，促使幼儿园课程不断地优化升级。

一、幼儿教育课程编制的主要流程

总结评估已有课程质量。在课程总结评估阶段，重点开展对前一阶段课程运行效果的回顾总结，发现现有课程存在的问题，汇总前一阶段课程运行中形成的典型案例、规律性认识，为课程编制提供幼儿园实践依据。这一阶段应做的工作有：

教师应从个人、领域、主题的角度回顾总结过去的课程实施经验成果，结合个人的学习、工作、发展经验，为幼儿园提供课程建设的典型案例、主要体会；年级组应从学龄段的角度，回顾总结某一年龄段教师对幼儿年龄特征的认识把握，归纳总结课程服务的年龄段需求，为幼儿园提供具有年段特征的典型案例及规律性认识；幼儿园课程管理部门在教师个人、年龄组总结评估的基础上形成学校对上一阶段课程质量的教师、年级、学校管理的整体意见，对过去课程总目标达成、内容选择组织、课程运行、学校服务情况做出分专题总结评估；幼儿园有计划地组织召开课程建设年度、阶段会议，展示交流教师课程建设经验，整理幼儿园课程运行成果，树立典型，规划幼儿园课程发展愿景，促使幼儿园课程向新的目标迈进。

展望辨明多方发展需求。课程是幼儿园与幼儿、家庭、社区、社会保持平衡的支点，幼儿、家庭、社区、社会对幼儿园发展的需求，是幼儿园课程建设的动力和方向，幼儿园、教师应注重搜集这方面的材料，在总结阶段形成系统的实证依据。在这一阶段应做的工作有：

幼儿园坚持开展国家、自治区幼儿教育发展改革研究，理解掌握一定时期国家、自治区幼儿教育发展的基本要求；有计划地开展社区、家长、幼儿、教师发展需求调查；定期汇总多方发展需求信息，结合幼儿园实际形成幼儿园课程总目标、年级目标、学期目标；将形成的目标纳入幼儿园课程建设规划，并定期向教师、幼儿、家长、社区、社会汇报反馈。

学习借鉴最新发展成果。课程是幼儿园的内涵，幼儿园是社区幼儿文明中心。从幼儿园发展的角度，幼儿园应保持与社会、幼儿教育界的正常来往，尤其加强与幼儿教育界的联系，交流获取最新幼儿教育信息，增进幼儿园的活力与生命。此项工作是时代幼儿园的主动脉，应成为幼儿园的常规工作。在这一阶段要做的工作有：

幼儿园主动开拓建构幼儿园课程建设的多种信息渠道，不断吸取幼儿教育发展包括课程改革与建设的最新动态；有计划、分阶段开展幼儿园课程建设研讨活动，有针对性地促进教师专业素质的改变、养成、提高；坚持开展具有本园特色的教师专业培训活动；针对趋势问题，集中人力物力研究把握，实现教师素质更新；在课程编制的关键阶段，开展幼儿教育课程改革与发展专门会议，交流主要观点意见，达成共性认识，形成幼儿园课程建设与发展的基本目标、主要思路，构建新的幼儿园课程框架。

优化编制幼儿园课程方案。课程编制是幼儿园课程实践的完善与优化的过程，而在这个过程中，尊重和提升幼儿园的课程实践经验，建构具有幼儿园园本特色的课程方案，形成幼儿园适宜的园本课程管理系统是最为根本的课程编制。在这一阶段需要做的工作有：

重视课程方案编制，将课程方案作为幼儿教育课程的园本依据；课程方案的创新绝对基于本园课程历史、教师素质提高的现实；引领教师、员工、家长、社区全员参与，丰富课程资源，培养课程意识、共建意识，提升素质和能力；突出课程发展目标、任务、保障方式方法，努力构建新的课程文化；完善课程管理内涵，全面协调推进课程各要素的形成发展。

制定实施教师素质提升规划。幼儿园课程建设与教师专业化发展是一个随幼儿园的引领渐进的过程，是可以发生、应该发生的过程。幼儿园课程主要由教师负责编制并实施，教师的文化素质决定幼儿园课程质量，课程活动是幼儿教师最基本的专业活动。幼儿园管理者要从幼儿教育与社会发展、儿童发展、教师发展相适应的角度，重视幼儿园教师专业能力培养与提高工作，有计划地推进教师素质的更新跨越。在这一阶段要做的工作有：

善于将幼儿园、教师、课程的紧密联系传达给幼儿教师，让幼儿教师自觉履行专业工作职责，开展课程研究；优化完善幼儿教师继续教育和在岗培训制度；根据幼儿园教师素质制订实施教师素质提升计划；按期形成教师个人的成长发展成果；按期完成幼儿的素质提高任务；经常开展教师素质养成汇报活动；定期评估教师专业能力和专业成就；引导教师参与幼儿园文化建设活动。

协调组织课程团队。课程建设是幼儿园文化建设、园风建设、能力建设的主要内涵，幼儿园要善于将自然的、分散的教师力量组织成幼儿园的文化组织、课程组织，发挥教师的课程文化引领作用，在一定时期有目的、有计划地推动幼儿园课程取得阶段性进展。在这一阶段要做的工作有：

协调全园的骨干力量、社会热心人士、有关幼儿教育课程专家组建幼儿园课程团队，承担课程建设的全园性任务；发现培养幼儿园课程建设的能手，支持课程骨干的引领行为，凝练形成幼儿园课程理念、思路；坚持开展课程建设专题研讨总结工作；坚持学习宣传推广新的课程思想、课程成果；坚持开展课程建设成果鉴定评价活动；主持幼儿园课程方案编制实施；按时总结验收课程建设成果，汇集形成幼儿园的课程特色；及时启动新的课程建设阶段。

差异化推进课程建设。幼儿身心发展的快速性特征决定了幼儿教育课程编制的丰富性、灵活性、开放性。课程质量取决于教师的智慧，取决于教师对幼儿的理解尊重，取决于教师对教育活动的实际操作。幼儿的差异和教师的差异要求差异化推进课程编制。在这一阶段要做的工作有：

一切课程期望都需转变为教师素质；将教师素质养成放在幼儿园质量工作的首位；探索建立幼儿教育课程差异化管理模式；注重总目标、年级目标、学期目标对幼儿、对教师、对活动的适切性；注重课程对幼儿发展的适宜性；分主题、领域、学期或学年小模块编制课程；按幼儿教师特长编制管理课程，鼓励教师个性化发展；让幼儿教师成为课程直接负责人。

搜集汇总课程实施效果。幼儿园的主要服务对象是3~6岁的儿童，他们的年龄特征、发展水平决定了他们并不适合系统地向教育者汇报他们需要什么、拥有什么。但他们的学习动机、学习效果总有他们的表现方式，教育者要善于采取适合幼儿的方式手段，及时获取有意义的反馈信息。在这一阶段需要做的工作有：

注重平时以教师记录等方式搜集效果资料；运用多种手段，按领域、主题、教师搜集汇总幼儿对课程的感受体验；运用多种手段搜集汇总幼儿成长发展水平数据；按领域、主题或教师搜集课程效果数据；搜集教师对课程效果的数据；搜集教师课程素质变化数据；搜集家长对课程的意见建议；搜集社区对课程的意见建议；注重平时汇总并形成课程效果意见。

教师的课程是幼儿园课程的必然组成部分，幼儿教师在平时工作过程中应注意把握幼儿园课程建设动态，将自己置于课程建设的角色，而不是学科传授者，从课程建设的角度实施自己的教育教学、自我管理工作，结合幼儿园日常工作过程，按阶段搜集、形成课程材料，汇报总结工作，随工作经验的积累，促进自己的发展，实现个人与课程、教师与幼儿园的共同提高。

二、幼儿教育课程编制的主要类型

课程以适合幼儿的方式培养儿童成为适应社会发展需要的人。儿童、社会、知识一直以来都是课程开发的三个基本维度，并由此形成了所谓儿童中心课程、社会中心课程和知识中心课程三种不同的课程开发观，不同的课程开发观念潜在影响着课程编制。同时，由于各幼儿园环境位置、师资水平、生源质量、资源条件以及园所文化的差异，也影响着课程编制。目前，幼儿园课程编制主要有以下三种类型。

（一）以领域教育内容为主的课程编制

《幼儿园教育指导纲要（试行）》将幼儿园的教育内容相对划分为健康、语言、社会、科学、艺术五大领域，以领域教育内容为主建构课程，是不少幼儿园采用的课程编制形式。每一个领域教育内容都是一个相对独立的体系，不同的领域有不同的关键特征，在课程编制中一般根据领域的内部顺序和特征以及幼儿的认知特点来安排课程。

这是一种操作性较强、利用率较高的课程编制形式。在这种课程编制中，要关注几个问题。

第一，平衡领域内容之间的比例安排。幼儿园的教育内容是全面的、启蒙的，各领域教育内容相辅相成，互相补充，共同构成幼儿园教育内容的全部。

1. 在整体课程设置中，幼儿园一日活动都是课程，学习活动、运动活动、游戏活动、生活活动等都是课程活动类型的有机组成部分。幼儿园在课程编制中要依据自身的课程目标，分析各种活动类型在课程中的功能以及相互关系，既注重目标的一致性，也关注形式、功能的互补性，让各活动类型共同协作完成领域教育目标。

各种活动类型的教育功能侧重点不同，其中，运动活动、生活活动主要完成健康领域的发展要求；游戏活动主要涉及社会领域的发展要求；学习活动包括集体学习活动和区角学习活动等，涉及各领域的发展要求。由于健康领域与社会领域在一日活动中有不同类型活动涉及，因此，在学习活动中可以相对减少这两个领域内容的活动安排。

2. 在学习活动课程设置中，要平衡各领域的活动比例，不能过分突出某些领域或削弱某些领域。5个领域的教育内容在一周学习活动的时间都要考虑到，同时兼顾各年龄段的具体安排差异。以大班段为例，一周如果有10个学习活动，可以语言领域2个、艺术领域2~4个、科学领域1~2个、健康领域1~2个、社会领域1~2个，将各领域内容通过适量的课程安排体现在幼儿的学习活动中。

第二，平衡领域内容内部的比例安排。

在学习活动中某一具体领域活动安排，要根据领域目标，平衡领域内部的活动类型。比如，美术活动中有绘画与欣赏等活动，绘画活动方式可以有蜡笔画、线条画、水彩画、水墨画、版画、撕贴画等，如果课程安排中只以一种绘画方式作为课程的内容，显然是不合理的。语言活动中有诗歌活动、故事活动、早期阅读活动、谈话活动等，音乐活动中有歌唱活动、律动活动、舞蹈活动等，在具体的领域活动安排中，要考虑领域内部的多样性与综合性。

对同一领域教育内容在不同活动类型中的比例安排，也要进行综合考虑，比如，健康领域教育内容可以通过日常运动活动、生活活动和学习活动来完成，就需要确立不同类型活动的具体目标和具体内容，共同实现健康领域目标。同样，社会领域的内容可以利用创造性游戏活动及学习活动来进行，但集体教学活动中的社会活动往往会流于形式，组织起来有一定难度，可以通过适当的领域目标分解，以创造性游戏活动为主体完成社会领域的教育内容。

（二）以主题教育内容为主的课程编制

以主题教育内容为主的课程编制，围绕主题内容来编织主题网络，根据主题内容安排各种活动。目前，以主题为主的课程编制已经从早期注重直接源于幼儿需要、兴趣的生成课程转为多主题来源的生成、预成课程相结合的形式。以主题内容来编制课程，可以通过主题实现各领域内容的整合，实现各种活动类型的整合。当主题内容确定后，根据主题教育内容的目标，确定学习活动的内容，确定游戏、生活活动的内容，让这些活动都围绕主题目标来进行。这种课程编制形式在实际操作中对教师水平及幼儿园的要求比较高，是期望实现超领域整合的一种课程形式。

以主题教育内容为主的课程编制，一定时期内的主题数量要适量，考虑一个学期在不同年龄班大致可以进行几个主题。主题不是越多越好，一般来说：小班段每学期3~5个，中班段每学期4~7个，大班段每学期5~8个，当然，更应根据特定幼儿的实际状况进行调整。在这种课程编制中，要关注几个问题：

第一，平衡已有主题与生成主题的数量。

有些幼儿园在不断研究或借鉴中已经有了一些相对成熟的主题，这些主题的活动安排是相对稳定的，教师们在实际操作中只需要进行适当调整就可以运用。幼儿园应对已有主题进行整理、选择，逐步放入课程内容中作为相对固定的内容。

一个具体主题的生成涉及主题的来源、主题的范围、支持的方向、不同内容的活动类型设计、各种资源的利用等，这对教师具有较高挑战。主题活动从设计到实施都是在不断调整和改进中进行的，一方面幼儿的兴趣往往表现为个人兴趣或难以持续，另一方面教师需要判断现有的兴趣支持是否对学生个人和社会都有持久的教育价值。生成主题对教师的要求很高，不是教师个人的力量可以完成的，需要教师之间以及幼儿园的整体协作。

如果在主题安排中都采用生成主题的形式，难免会浪费原有的课程资源；如果选用已有主题，则可能忽略当下幼儿的兴趣及发展需求。因此，根据幼儿园的条件与教师水平的差异，对不同的特定班级可以有不同课程建议要求，因园制宜，因班制宜，平衡已有主题与生成主题的数量。

第二，平衡主题运行时间。

主题进行时间过短（2~3天），主题内容有可能匆匆而过，不能有效打开幼儿的经验，帮助幼儿建立学习经验之间的联系；进行时间过长（2~3个月），容易让主题内容过于精深或偏离原主题内容，造成学习疲劳。一般来说，根据主题内容的差异，幼儿年龄特点的差异，一个主题进行1~2周或在一个月左右完成都是可行的。

由于不同的主题完成时间不同，一段时间可以同时存在1~2个主题，但同时存在的主题不宜过多，以免造成幼儿学习的混乱以及教师管理的难度。

（三）领域教育内容与主题教育内容相结合的课程编制

在课程建设的不断发展过程中，许多幼儿园已不再坚守单一的领域教育或者主题教育，而是建立起更适合自己的课程架构，领域教育内容与主题教育内容互补的课程编制是目前许多幼儿园采用的课程编制方式。在这种课程编制中，主要有以下两种形式：

第一，主题内容与领域内容平行。

在学习活动时段以领域教育内容进行，在其他活动时段采用主题方式进行。比如，在运动活动中定期运用"小小锻炼节""小小奥运会"等主题，利用主题背景将运动锻炼的内容整合起来。在创造性游戏时段以主题的方式进行，确定的主题内容通过游戏活动完成，如邮局、饼干屋、文具店等，通过参观，调查搜集各种相关经验，然后在创造性游戏中深入开展，全班幼儿在一段时间内都围绕某个主题来进行游戏，让主题内涵充分体现在游戏中。这种课程编制方式可以体现幼儿一日活动皆课程，对游戏活动、运动活动的课程内容进行较深入的挖掘。

第二，主题内容与领域内容交织。

由于主题内容的差异，有的主题侧重艺术，有的主题侧重科学，就可能缺少某些教育内容，无法在主题中出现的教育内容可以用领域内容来协同完成；同样，利用主题内容方式也可以拓展、完善领域内容的不足。

在具体课程编制中，要根据具体情况关注两种教育内容的合理安排。以主题内容为主的课程，对某些难以纳入主题中的领域，如数学领域，一般采用领域形式编制，单独进行领域活动。同时，要综合考虑一段时间内主题内容涉及的范围，以各种活动进行补充；以领域内容为主的课程，进行主题活动时可适当减少涉及较多的相关领域活动。

以上课程编制类型各有优势，作为刚刚走上工作岗位的幼儿教师，可先从操作性较强、利用率较高的课程编制类型入手，待工作经验积累到一定程度，基本熟悉幼儿园课程工作、掌握幼儿园课程编制基本技能后，再尝试综合的、复杂的、创造性的课程编制模式，由教师编制课程到编制幼儿园课程，深度参与幼儿教育课程建设。

第三节　幼儿教育课程编制的基本原则

幼儿教育课程编制应遵循幼儿园工作与教师工作、日常工作与阶段性工作、发展愿景与已有水平、履行职责与体验发展相结合的总要求，突出课程建设工作的基础地位，将课程建设工作贯穿于幼儿园工作全过程。

一、整体规划，分步实施

课程发展是一个必然的过程，也是一个系统的、渐进的过程。课程是幼儿园文化的重要载体，课程建设作为幼儿园发展的主要内涵，与幼儿园教师发展、园风建设、设施设备更新充实既相互依赖又相互促进。幼儿园要将教师作为促进幼儿园发展、教师发展、文化发展、设施设备操作的主导因素，始终规划好这些因素的创新变化，适应这些因素的发展。教师本身的发展也需要不断充实、提高、更新的过程，幼儿园要牢牢抓住教师这个主导因素，有步骤地实现教师综合素质、课程素质的培养、发展、变化，保障幼儿园及幼儿教育课程持续发展、理想发展。

二、更新为主，不忘传承

由于幼儿对课程的选择应对能力水平有限，幼儿教育课程更容易无视幼儿，因而，开明的幼儿教育工作者更主张课程的适宜性，追求课程的开放性。课程编制是课程发展的起点，是已有课程的优化升级。课程编制不是移植复制，而是修剪栽培，课程编制要在课程实施较为成熟，即教师既对原有课程具有了深刻的反思体会，又吸收了足够充实的新课程理念、观点、方式方法时实施，即通过以往课程的实施，教师的知识获得了更新，素质有了新的提高，掌握了一定的新技能技巧后适时实施。这时教师既有课程编制的动力，又有课程编制的能力，还有课程改革的观点，课程编制易于达到既定目标。

三、知识为基，文化为命

幼儿教育课程反对以机械的、成人化的方式传授知识。无论以经验、活动、游戏、生活等哪种方式实施课程，幼儿的成长发展始终与获得知识相伴，并以幼儿观念、行为方式的形成为目的，增进幼儿的见识是幼儿教育机构的一项重要职责。在各种类型的知识中，文化是最适合幼儿年龄特征的最为根本的。适应时代发展的幼儿观、课程观是最基本的幼儿教育文化，其中，民族传统文化是塑造儿童精神世界的根本文化。幼儿教育课程还应传递多元文化思想、多元文化理解，培养幼儿更为丰富、生动的现代人性格。教师潜心观察、用心建构的适合幼儿特点、需要的环境、材料等教育活动是幼儿喜欢且适合的知识。

四、教师主体，多方参与

幼儿教师是幼儿教育课程建设的主体，他们是受过专业训练的教育工作者，他们对幼儿教育发展目标、发展方式、发展内容、发展水平具有更为系统、科学的理解，他们能够将来自多方面的信息整理成更为适宜的课程体系。而幼儿、家长、社区都是课程的享用者，也是课程资源、教育资源的提供者，幼儿、家长、社区同样对幼儿的发展有着自己的理解和追求，这是幼儿教育课程的目标和方向。幼儿园一方面要善于利用幼儿、家长、社区的课程资源构建更为多样、灵活、生动的课程，另一方面，还要更好地与他们进行沟通，为他们提供更为科学、及时的多方面信息，共同促使幼儿健康发展。

五、尊重幼儿，促进发展

处于幼儿教育阶段的儿童拥有自己的学习欲望、方式，幼儿的学习欲望、方式、水平完全不依从传统为他们安排的课程方式，尤其是学科的学习、听话的学习、安静的学习，他们需要适合他们的文化、教师、课程。3~6岁的儿童还具有许多不为成人所理解的学习潜力、目标，如果能够实施适合他们的课程，所有生理正常的幼儿，都可以获得超乎传统的发展，显示出让人惊奇的天赋才华。幼儿教育课程的责任在于寻求适合幼儿的师幼合作方式，创设适宜幼儿发展的学习环境，运用适合幼儿特征的评价工具，让幼儿以自己的方式实现其应有的发展。

六、理论引领，提高素质

幼儿教育课程的发展是社会文化发展的必然要求。课程是幼儿园与社会、家庭联系的纽带，课程既要满足多方面的需求，也要引领多方面的需求。幼儿园要自觉接受并承担起幼儿教育促进社会、社区文化发展的责任，关注幼儿的成长，着眼于为幼儿服务，坚持开展新的幼儿教育理论学习研究，积极探索建构符合时代要求的幼儿教育理念、方式、方法，主动加强幼儿园文化建设，崇尚教师、家长知识的更新、观念的转变、素质的提高。

七、师课相彰，师为根本

教师是幼儿教育课程的建设者、操作者。教师不仅要有进步的教育理念、丰富的知识，而且还要有娴熟的课程生成能力。教师的课程生成能力要求教师随时代的变化、幼儿的更替发生适宜的变化，要主动适应同一时代、同一年龄段不同时间、同一年龄段不同儿童兴趣、爱好、性格特征的形成发展组织课程。这种课程对于尊重幼儿年龄特征、掌握了幼儿教育课程原理的教师并不难，但对缺乏幼儿教育热情、不负责任的教师却不易，因为后者更容易产生知识老化、情感冷漠、课程停滞的状况，而这种情况又难以被课程管理者所察觉。幼儿园必须实施更为人性化的课程管理，真正让教师、幼儿、家长成为课程的主人。

思考与练习

1. 什么是幼儿教育课程编制？其意义是什么？

2. 幼儿教育课程编制的层次类型有哪些？
3. 幼儿教育课程编制的法规依据中常见的有哪些？
4. 简述幼儿教育课程编制的主要流程。
5. 简述幼儿教育课程编制的内容编制类型。
6. 简述幼儿教育课程编制的基本原则。

操作实训

1. 以班为单位，聘请一位骨干幼儿教师，听取教师备课的经验介绍。
2. 以班为单位，聘请一位示范幼儿园园长，听取园长幼儿园课程建设的经验介绍。

第三章

幼儿教育课程目标

幼儿教育课程目标在幼儿教育目的与幼儿教育课程之间起到衔接作用，使幼儿教育的特定价值观能在课程中得以体现。幼儿教育课程目标的确定，使幼儿教育课程编制的方向更明确，使课程内容的选择和组织以及课程的实施和评价等环节与教育目的成为一个有机的整体。

第一节 幼儿教育课程目标的内涵

目标是人们在活动中所期望达到的境地或标准。由于教育活动的复杂性和长期性，其所要达到的境地或标准包含着多重内涵，具有一定的层次性和递进性。因此，幼儿园教育课程编制中，为能准确理解和把握幼儿教育课程目标，就需要对不同层次教育目的和教育目标进行分析厘定。

一、幼儿园教育目标及其内涵

我国的国民教育可以分为幼儿教育、初等教育、高中教育和大学教育。从教育目的的层次，大家应该明确幼儿教育是我国整个国民教育的一部分。虽然分为不同的阶段，但教育目的是相通且衔接的。

幼儿园教育目标是我国教育目的在幼儿园阶段的具体化，体现幼儿园阶段人才培养的规格和要求，对于幼儿的全面发展提出了更具体的规范，表明了学校教育影响下幼儿发展显现出的变化，幼儿园教育目的全方位指导幼儿园的教育教学工作。

我国2016年3月修订施行的《幼儿园工作规程》（以下简称《规程》）中明确规定幼儿园教育的任务是"贯彻国家的教育方针，按照保育与教育相结合的原则，遵循幼儿身心发展特点和规律，实施德、智、体、美等方面全面发展的教育，促进幼儿身心和谐发展"。

幼儿园保育和教育的主要目标是：

（一）促进幼儿身体正常发育和机能的协调发展，增强体质，促进心理健康，培养良好的生活习惯、卫生习惯和参加体育活动的兴趣。

（二）发展幼儿智力，培养正确运用感官和运用语言交往的基本能力，增进对环境的认识，培养有益的兴趣和求知欲望，培养初步的动手探究能力。

（三）萌发幼儿爱祖国、爱家乡、爱集体、爱劳动、爱科学的情感，培养诚实、自信、友爱、勇敢、勤学、好问、爱护公物、克服困难、讲礼貌、守纪律等良好的品德行为和习惯，以及活泼开朗的性格。

（四）培养幼儿初步感受美和表现美的情趣和能力。幼儿园保育教育目标的确定，规定了幼儿培养的规格和能力。它为幼儿的教育指明了方向，为幼儿教育过程提供了明确的指导依据，也为检查和评价幼儿园的教育工作提供了重要的衡量标准。

二、幼儿教育领域目标及内涵

幼儿教育课程目标是指幼儿园开设的各门课程的目标，即幼儿教育工作者借助某门课程所期望幼儿发生的发展预期。它是幼儿教育机构教育目的的具体化。

《规程》阐述了幼儿教育总目标，我国 2011 年施行的《幼儿园教育指导纲要（试行）》中，把幼儿教育课程分为健康、语言、社会、科学、艺术五个领域，并对各领域的目标做了具体规定。

（一）健康领域的目标

1. 身体健康，在集体生活中情绪稳定、愉快。
2. 生活、卫生习惯良好，有基本的生活自理能力。
3. 知道必要的安全保健常识，学习保护自己。
4. 喜欢参加体育活动，动作协调、灵活。

（二）语言领域的目标

1. 乐意与人交谈，讲话礼貌。
2. 注意倾听对方讲话，能理解日常用语。
3. 能清楚地说出自己想说的事。
4. 喜欢听故事、看图书。
5. 能听懂和会说普通话。

（三）社会领域的目标

1. 能主动地参与各项活动，有自信心。
2. 乐意与人交往，学习互助、合作和分享，有同情心。
3. 理解并遵守日常生活中基本的社会行为规则。
4. 能努力做好力所能及的事，不怕困难，有初步的责任感。
5. 爱父母长辈、老师和同伴，爱集体、爱家乡、爱祖国。

（四）科学领域的目标

1. 对周围的事物、现象感兴趣，有好奇心和求知欲。
2. 能运用各种感官，动手动脑，探究问题。
3. 能用适当的方式表达、交流探索的过程和结果。
4. 能从生活和游戏中感受事物的数量关系并体验到数学的重要和有趣。
5. 爱护动植物，关心周围环境，亲近大自然，珍惜自然资源，有初步的环保意识。

（五）艺术领域的目标

1. 能初步感受并喜爱环境、生活和艺术中的美。

2. 喜欢参加艺术活动，并能大胆地表现自己的情感和体验。
3. 能用自己喜欢的方式进行艺术表现活动。

我国2012年9月施行的《3~6岁儿童学习与发展指南》中，又对健康、语言、社会、科学和艺术五个领域幼儿在每个年龄阶段所应达到的发展目标做了更为具体地说明。如语言领域，《指南》中详细列举了两个方面、六条目标，并且具体指出了幼儿在小、中、大班每个年龄阶段所应达到的语言方面发展目标。

1. 倾听与表达

目标1　　认真听并能听懂常用语言

3~4岁	4~5岁	5~6岁
1. 别人对自己说话时能注意听并做出回应；2. 能听懂日常会话	1. 在群体中能有意识地听与自己有关的信息；2. 能结合情境感受到不同语气、语调所表达的不同意思；3. 方言地区和少数民族幼儿能基本听懂普通话	1. 在集体中能注意听老师或其他人讲话；2. 听不懂或有疑问时能主动提问；3. 能结合情境理解一些表示因果、假设等相对复杂的句子

目标2　　愿意讲话并能清楚地表达

3~4岁	4~5岁	5~6岁
1. 愿意在熟悉的人面前说话，能大方地与人打招呼；2. 基本会说本民族或本地区的语言；3. 愿意表达自己的需要和想法，必要时能配以手势动作；4. 能口齿清楚地说儿歌、童谣或复述简短的故事	1. 愿意与他人交谈，喜欢谈论自己感兴趣的话题；2. 会说本民族或本地区的语言，基本会说普通话少数民族聚居地区幼儿会用普通话进行日常会话；3. 能基本完整地讲述自己的所见所闻和经历的事情；4. 讲述比较连贯	1. 愿意与他人讨论问题，敢在众人面前说话；2. 会说本民族或本地区的语言和普通话，发音正确清晰。少数民族聚居地区幼儿基本会说普通话；3. 能有序、连贯、清楚地讲述一件事情；4. 讲述时能使用常见的形容词、同义词等，语言比较生动

目标3　　具有文明的语言习惯

3~4岁	4~5岁	5~6岁
1. 与别人讲话时知道眼睛要看着对方；2. 说话自然，声音大小适中；3. 能在成人的提醒下使用恰当的礼貌用语	1. 别人对自己讲话时能回应；2. 能根据场合调节自己说话声音的大小；3. 能主动使用礼貌用语，不说脏话、粗话	1. 别人讲话时能积极主动地回应；2. 能根据谈话对象和需要，调整说话的语气；3. 懂得按次序轮流讲话，不随意打断别人；4. 能依据所处情境使用恰当的语言。如在别人难过时会用恰当的语言表示安慰

2. 阅读与书写准备

目标1　　　　　　　　　　喜欢听故事，看图书

3~4岁	4~5岁	5~6岁
1. 主动要求成人讲故事、读图书；2. 喜欢跟读韵律感强的儿歌、童谣；3. 爱护图书，不乱撕、乱扔	1. 反复看自己喜欢的图书；2. 喜欢把听过的故事或看过的图书讲给别人听；3. 对生活中常见的标识、符号感兴趣，知道它们表示一定的意义	1. 专注地阅读图书；2. 喜欢与他人一起谈论图书和故事的有关内容；3. 对图书和生活情境中的文字符号感兴趣，知道文字表示一定的意义

目标2　　　　　　　　　　具有初步的阅读理解能力

3~4岁	4~5岁	5~6岁
1. 能听懂短小的儿歌或故事；2. 会看画面，能根据画面说出图中有什么，发生了什么事等；3. 能理解图书上的文字是和画面对应的，是用来表达画面意义的	1. 能大体讲出所听故事的主要内容；2. 能根据连续画面提供的信息，大致说出故事的情节；3. 能随着作品的展开产生喜悦、担忧等相应的情绪反应，体会作品所表达的情绪情感	1. 能说出所阅读的幼儿文学作品的主要内容；2. 能根据故事的部分情节或图书画面的线索猜想故事情节的发展，或续编、创编故事；3. 对看过的图书、听过的故事能说出自己的看法；4. 能初步感受文学语言的美

目标3　　　　　　　　　　具有书面表达的愿望和初步技能

3~4岁	4~5岁	5~6岁
1. 喜欢用涂涂画画表达一定的意思。	1. 愿意用图画和符号表达自己的愿望和想法；2. 在成人提醒下，写写画画时姿势正确	1. 愿意用图画和符号表现事物或故事；2. 会正确书写自己的名字；3. 写画时姿势正确

三、幼儿教育活动（课时）目标

幼儿教育活动目标是指通过某一次课或活动所期望幼儿获得的发展，如一节课或一个单元主题的活动目标等。这是幼儿教育课程目标最为具体的目标，也是各教育领域目标的下位概念。

某教师在准备中班科学活动"好玩的泥土"时，提出下列教育活动目标：（1）能说出泥土的特性；（2）喜欢玩泥土，萌发对泥土的兴趣；（3）学会玩泥土后洗手。这样的教育活动目标具体、明确，具有可操作性，并便于检测，它直接引导着教师的教学和评价。

所以，幼儿园教育活动（课时）目标体现的是一种对实践活动的价值追求，是可观察、可测量、可评价、可明确界说的，它具体指导着教育活动的进行，并通过教育活动效果的反馈不断得以调整和完善。

以上是对幼儿教育课程目标的概括分析说明。如果大家感兴趣还可以进行深入的研究。

如有人就将幼儿园教育目标从纵向的逻辑关系，依次分解为：国家的教育目的、幼儿园的教育目标、幼儿年龄阶段目标、学期教育目标、单元教育目标和教育活动目标5个层次，将幼儿园最上层的目标逐步分解到具体的教育活动过程，即教师的课或教师组织的各种教育活动中。有时还可从横向结构的角度，将课程目标分解为内容目标结构、领域目标结构和发展目标结构。从幼儿园教育的基本内容出发每一纵向层次的目标都包括体育的、智育的、德育的和美育的内容目标结构；从幼儿园教育目标的现实媒体（相关学科或领域）出发每一纵向层次的目标都可以分为健康、语言、社会、科学、艺术等领域目标结构；从幼儿身心发展看，每一纵向层次目标的内涵还可以分为身体动作发展、认知和情感发展等幼儿心理发展目标结构。总之，幼儿教育课程目标不仅是一个重要的理论问题，而且也是一个重要的实践问题，更是一个非常务实的具体问题，需要我们幼儿教育工作者认真对待。

第二节 幼儿教育课程目标的取向

幼儿在园的学习过程中，每年的成长、学习、收获都将以关键经验的形式浸润于幼儿园教育活动目标中，最终呈现出链状、网状形式，凸显出其成长的历程。即教育者期盼幼儿通过教育活动所能达到的成效。教育成效既可体现在幼儿通过活动后身心两个方面所发生的预期变化，也可体现在幼儿教育机构和教师通过活动后完成社会对幼儿实施教育的要求。

对幼儿发展、社会需求和知识的性质以及这三者之间关系的不同理解，使课程目标存在不同的价值取向。在幼儿教育课程目标中，较为常见的目标取向有行为目标、生成性目标和表现性目标。幼儿教育课程目标的定位既要关照幼儿的生理发展特点和心理发展特征，更要体现出社会对人才培养的需求，渗入教师的哲学观、价值观。一般而言，幼儿教育课程目标有三大取向。

一、行为目标

行为目标是指以幼儿具体的、可被观察的行为为表述对象的幼儿教育课程目标，它指向的是课程实施以后在幼儿身上所发生的行为变化。行为目标是幼儿教师使用最频繁、最广泛的课程目标取向。

梅杰认为，一个行为目标包含4大要素：行为主体、行为动词、行为条件、行为达成度。行为主体，即谁完成课程预期的行为。一般而言，行为主体既可以是教师，也可以是幼儿，如目标"从多角度对鞋进行观察比较"，显然对鞋进行观察和比较的主体是幼儿；而如果将目标改为"培养幼儿从多角度对鞋进行观察和比较"，则行为的主体是教师。

行为动词，即可被观察到的行为动词，是外显的，如"说出……""区别……""分辨……""画出……""做出……的实验""知道……""会随着伴奏用好听的声音演唱"等。涉及各个类型教育活动的行为动词不胜枚举，这里仅举几个例子，以说明其可操作性。

行为条件，指的是幼儿教育课程的预期行为是在特定的时间、空间、背景、支持、条件下才能实现的。如"不需要成人的提醒，能够饭后漱口""能模仿成人或者同伴，连贯、完整地做出准确的早操动作"。

行为达成度，是对课程预期的标准，用来衡量幼儿学习的成效。行为达成度既可以限定在幼儿人数方面，也可以限定在幼儿表现出预期行为的熟练度方面。如"半数以上的幼儿能够用匍匐前进的方式通过路障""半数以上的幼儿能够完整、清晰地复述《老鼠嫁女》的故事"。第一个例子是侧重幼儿人数方面的行为达成度；第二个例子则既侧重幼儿人数的限定，又侧重幼儿复述故事的行为熟练度——完整、清晰。

通常，并不是每一个行为目标都渗透四大要素，在日常教学中，教师们往往会根据自己的需求有所省略。

二、生成性目标

生成性目标是指在教育情境中随着教育过程的展开而自然生成的预期标准。如果说行为目标重在课程的预定结果，那么生成性目标则重在课程非预定的过程。因为生成性目标的非预定性，教师往往在实施课程之前无法预测，在课程实施过程中较难控制，具有较大的操作难度，难以被教师广泛使用。

目前，只有少数教师关注课程实施过程中幼儿的反应，顾及课程实施过程中的不可预测性因素，尝试在课程实施之后总结、调整课程方案。这种方式在很大程度上说明，这些幼儿园教师开始关注生成性目标的独特价值，并尝试在践行中追寻有效使用的可能性。

三、表现性目标

表现性目标是指每一个幼儿在具体教育情境的种种"际遇"中所产生的个性化表现。个性化表现的追求，就意味着课程的最终旨趣并不是一所幼儿园、一个班级所有幼儿的共同性的学习收获，而是尊重幼儿的"一百种表达方式"，用幼儿自己独到的方式体现自己的所学与所获，追寻的是个体意义的价值。

表现性目标描述的是幼儿学习后身心的一般发展变化。这些发展变化是难以用直观的观察、测量方式在课程进行后衡量出来的，而是需要通过一段时间的考察、关注而发觉的。因此，表现性目标所呈现的幼儿种种"际遇"更适合于中长期教育目标的陈述。通常，表现性目标蕴含的是幼儿将要处理的问题、将要参与的活动任务。表现性目标的表达方式一般为："讨论……""和同伴分享自己的想法……""考察……"，如"参观农贸市场，并乐于和同伴分享自己的想法"。

三种课程目标取向具有不同的价值，行为目标倾向于以课程实施后的具体行为表现折射课程的预期价值，具有一定的客观性与可操作性；生成性目标倾向于以课程实施中转瞬即逝的"亮点"折射活动的价值，具有一定的非预期性与不可控性；表现性目标倾向于以课程实施过程中的真实境况绵延幼儿的发展价值，具有一定的独特性与个体性。目前，我国幼儿教育课程设计者与实施者更青睐于用行为目标来衡量一个活动的成效，但这并不意味着只能使用一种取向的课程目标，而是可以根据自己的实际需求，选取不同取向的课程目标。

第三节 幼儿教育课程目标制定的依据

一、幼儿教育课程目标制定的依据

课程目标依据主要包括三个方面：学习者身心发展的特点、当代社会发展的实际需要、学科发展的客观要求。要科学地制定幼儿教育课程目标，就必须研究儿童、当代社会生活、学科知识，从这三个方面的综合信息来确定幼儿教育课程目标。

（一）对幼儿的研究

幼儿自身的发展是幼儿教育课程最基本的出发点，幼儿教育课程的基本职能就是促进其身心发展，因此，在幼儿教育课程的开发和设计中，要时时关注幼儿身心发展的各种需求，尊重幼儿的个性、体现幼儿的意志，使幼儿教育课程有效引导幼儿的发展。

研究幼儿的发展需要必须认识到幼儿的"理想发展"与"现实发展"的水平和差距。幼儿的理想发展是指幼儿应该和可能达到的理想发展，这可以从学习学前心理学的知识中获得；幼儿的现实发展是指幼儿到目前为止的实际发展水平，这可以通过实际观察幼儿的身体动作、认知、情感及社会性等方面的行为表现来分析得出。现实发展水平和理想发展水平做比较即可明确幼儿的发展现状、潜力与发展前景，并可推测一定阶段幼儿可能达到的水平和个别差异。这样就可对幼儿建立期望，从而确定什么目标是适宜的，什么目标是不适宜的。

例如，学前心理学的研究表明，每个学前儿童心理发展的表现是不同的，其心理发展有或早或晚之别，学前儿童心理发展还表现为各种心理过程的发展，以及个性的形成和发展。每一种心理过程和个性特征的发展，虽然都服从儿童心理发展的一般规律，但又都有各自的特点和具体规律。因此，在《指南》的说明部分明确提出，在实施《指南》时，应"尊重幼儿发展的个体差异。幼儿的发展是一个持续、渐进的过程，同时也表现出一定的阶段性特征。每个幼儿在沿着相似进程发展的过程中，各自的发展速度和到达某一水平的时间不完全相同。要充分理解和尊重幼儿发展进程中的个别差异，支持和引导他们从原有水平向更高水平发展，按照自身的速度和方式到达《指南》所呈现的发展'阶梯'，切忌用一把'尺子'衡量所有幼儿"。

（二）当代社会生活的研究

幼儿不仅生活在幼儿园中，也生活在家庭、社区与社会之中，而且幼儿的成长是一个不断社会化的过程，是为明天走上社会做准备的过程，因此，确立幼儿教育课程目标也必须关注社会生活及其发展需求。

将当代生活需要转化为幼儿教育课程目标时，要特别关注这样几个方面：一是全球化意识。课程目标必须具有国际视野，应把本社区、本国家、本民族的需求与整个人类的需求统一起来，着力培养学生的全球意识和创新精神。二是教育先行观念。教育虽然受社会政治、经济等因素的影响和制约，但它又具有独立性和超前性。确定课程目标时，不仅要适应当前的社会需要，而且应超越当前的社会，走在社会发展的前面、预示未来社会的状态和需求，以适应不断发展变化的社会。

《指南》中提出的某些领域目标，就是在充分考虑了幼儿的身心发展特点后从社会要求中引申出来的。例如，社会领域中社会适应方面的目标是"喜欢并适应群体生活""遵守基本的行为规范"和"具有初步的归属感"，这些目标集中体现了我国社会文化和价值观中比较注重幼儿道德品质培养的要求。

（三）对学科知识的研究

幼儿教育课程目标的制定必须考虑学科的发展，若使幼儿从一个自然人发展为掌握一定知识经验的社会人，学科知识是重要的途径和手段。而幼儿的身心发展特点和幼儿教育作为人一生教育的奠基阶段的性质，决定了幼儿教育课程应注重学科知识的一般发展价值，而非专业发展价值。因此，制定幼儿教育课程目标时应考虑学科知识与幼儿身心发展之间的关系。如：《幼儿园教育指导纲要（试行）》中语言领域的目标并没有要求幼儿掌握系统、严格的语言知识，而是强调：乐意与人交谈，讲话礼貌；注意倾听对方讲话，能理解日常用语；能清楚地说出自己想说的事；喜欢听故事、看图书；能听懂和会说普通话。

由此可以发现，幼儿教育课程目标更为关注学科知识对幼儿的一般发展价值以及对幼儿发展的长远影响。

二、幼儿教育课程目标制定的原则

（一）全面性原则

全面性原则包含两层含义：一是幼儿教育课程目标在关注幼儿个体需求与差异的同时，要面向全体。二是幼儿教育课程目标不能把完成认知性目标作为唯一目标，还要渗透道德教育和非智力因素的培养。《幼儿园工作规程》规定幼儿园的教育任务是"贯彻国家的教育方针，按照保育与教育相结合的原则，遵循幼儿身心发展特点和规律，实施德、智、体、美等方面全面发展的教育，促进幼儿身心和谐发展"。要求制定幼儿教育课程目标时一定要指向幼儿的全面发展，这里的全面发展既包括德、智、体、美等方面的发展，每一个方面的发展还要尽量涉及知识与技能、过程与方法、情感态度与价值观三个维度，这样才能使幼儿有全面的情感体验，使其获得全面协调的发展。

（二）系统性原则

幼儿教育课程目标是一个系统，制定时要从系统的角度进行整体把握。首先，从纵向上把握其联系，从"幼儿教育课程总目标—学年目标—学期目标—单元目标—教育活动目标"为线索进行衔接，这五个层次是从概括到具体，形成了一个多层次的目标体系。其次，从横向上把握各个要素。从幼儿心理发展结构（知识、情感、动作技能领域）、课程内容结构（健康、科学、社会、语言、艺术）、幼儿心理发展年龄水平（大、中、小班）几个维度来综合考虑幼儿教育课程目标的制定。

（三）具体性原则

具体性原则是指幼儿教育课程目标在表述时应力求明确、具体，符合幼儿的实际需要，同时具有可操作性和可检验性。应在深入分析和处理幼儿教育课程内容后，明确幼儿的认知结构，把握其能力水平、熟悉其兴趣、习惯等方面的基础上，将幼儿教育课程目标的内容具体化。表述时，将随意推论的动词转换成对幼儿的行为做直接观察的行为动词，使幼儿教育课程更加细致、具体，能够观察、测量和操作。

（四）灵活性原则

幼儿教育课程目标的制定要考虑到本地区、本幼儿园、本班幼儿的实际，因此，灵活的幼儿教育课程目标应表现在两个方面：一是目标的制定要考虑到幼儿的可接受能力。包括最低限度的要求、基本的要求、符合或超出所提出的要求。二是对预期的目标的表述要留有一定的空间。课程目标的制定要在幼儿的最近发展区内，可以在实际的课程活动中，根据具体情境，因时因地，随机应变地对预设目标进行适当的调整、改进，并在教师、家长的帮助与引导下，通过幼儿自身的努力完全可以达到目标。

第四节　幼儿教育课程目标的表述

在幼儿教育课程目标的体系中，具体活动（课时）目标是完成幼儿教育任务、实现幼儿教育课程目标的基础。同时，幼儿园具体活动（课时）目标与教师的教学联系最为密切，确定、编写科学的教育活动（课时）目标就成为教师教学技能的具体体现。因此，教师学会恰当地表述教育活动（课时）目标既是实现幼儿园保教目标的基本保证，也是提高教师专业技能的重要途径。

一、幼儿园教育目标的分解

幼儿园教育目标要分解为不同层次的教育目标才具有可操作性。所谓幼儿园教育目标是根据总体的、宏观层面的幼儿园教育目的要求，分解、制定出的各个更加具体的幼儿身心发展的具体规格与要求，幼儿园教育目的分解为各个层面的目标，既可以根据幼儿学习与发展内容进行分解，也可以按幼儿发展的时间进程进行分解。

（一）根据幼儿学习与发展内容分解

根据幼儿学习与发展内容，幼儿园教育目的可分解为领域教育目标、单元主题活动目标、具体活动目标三类。领域教育目标是纲领性目标，单元主题活动目标是综合性目标，具体活动目标是针对性与可操作性的目标。

领域教育目标，是指根据幼儿身心素质发展的不同维度的划分，将影响幼儿发展的教育相对划分为不同的教育领域，并为每一教育领域制定不同的目标与要求。请查阅《指南》的领域目标。

单元主题即根据教育目标及相关教育内容的特点，把某一组目标及相关的内容有机组织起来，围绕一个核心话题而开展的系列教育活动。通过单元主题，各领域目标的任务得以综合性的落实，但各领域目标的最终完成需要通过系列的单元主题来完成。单元主题目标的制定既需要根据内容的特点，也需要根据幼儿的发展特点来制定，单元主题目标要有一定的综合性，它一般从认知、情感、行为三个维度去表述。

具体活动目标是指通过某一具体的课或教育活动所要引起的幼儿身心素质变化的具体要求。它是单元主题目标的具体化，是对具体的课时教学所要达到的要求的描述，它具有针对性和可操作性。从幼儿园目标体系来看，活动目标是实现幼儿园教育目的最基本的目标要素。教育目标必须要通过一定的课程活动转化为幼儿的学习行为，才能使教育目标落到实处，因而，必须将教育目标结合一定内容及儿童特点分解为更具体的活动行为目标，并以适当形式表述出来，才能具体指导教师的教育教学实践。因此，幼儿教师必须具备制定活动目标的能力。

具体活动目标的表述主要陈述活动开展会对幼儿认知、情感与行为带来的可能改变。下面以社会领域为例（见表 3-1），看看不同层次的分解。领域：社会；单元主题：我是勇敢小宝贝；某次活动：我们都有哪些害怕的事；授课年级：中班。

（二）根据幼儿发展时间进程分解

根据幼儿发展进程的时间可以将幼儿园教育目标分解为年龄阶段教育目标、学期教育目标、月教育目标、周教育目标、日教育目标。幼儿园总目标及各领域目标的实现，需要进一

表3-1 中班社会领域目标按发展水平分解列表

目标层次	目标内容
领域目标	能努力做好力所能及的事，不怕苦，有初步的责任感
单元目标	1. 理解能面对自己的各种困难和害怕就是勇敢；2. 体验战胜与克服困难的快乐，增强面对困难与害怕的勇气；3. 学会表达和分辨自己的害怕，掌握克服害怕的常用方法
活动目标	1. 在家长协助下，能完成"我们都有哪些害怕的事"的调查记录单；2. 能在同伴面前大胆说出自己心中害怕的事情；3. 能共同完成"我们都有哪些害怕的事的'夹心蛋糕'"

步分解为各层级的阶段目标，落实到幼儿的每日生活中才能最终达成。各层级的目标是幼儿教师制订工作及课程计划的重要依据。

1. 各年龄阶段教育目标

各年龄段幼儿有不同的发展特点，其教育目标也应有相应的差别。各年龄段学前儿童的教育目标是根据幼儿发展的特点，结合领域目标所拟定的具体保育和教育目标。我国幼儿园主要包括小班（3~4岁）、中班（4~5岁）、大班（5~6岁）三个年龄段的保育和教育目标。

2. 学期教育目标

学期教育目标是对年龄阶段性目标的具体落实，即每一学期根据幼儿发展的特点与需求制定的教育目标。年龄阶段性目标要求进一步分解为学期目标才能使教育的具体活动有更具体的操作指导。

3. 月教育目标与周教育目标

月教育与周教育目标是对学期的具体化，它需要结合季节、文化与地域特点来制定更为具体的教育目标，一学期一般包括5个月，每一个月都有具体的教育目标。每一个月又包括4个周，每一个周也应有周的目标。

4. 日教育目标与具体活动目标

日教育目标和具体活动目标是教育目标的进一步具体化。根据月教育目标与周教育目标，制定幼儿园每天的教育目标，再细化为每一环节每个教育活动的具体目标，幼儿园教育目的才能真正实现。

幼儿园教育目的的实现，要从宏观的幼儿园教育目标出发，层层细化，既需要长期的、阶段性的目的规划，也需要每天直至每次教育活动目标的具体落实。表3-2可以反映幼儿园健康领域教育目标逐层细化落实的进展序列。

表3-2 中班健康领域目标按学龄分解列表

目标层次系列	目标内容
年龄阶段目标	1. 学习控制、调整自己的情绪；2. 独立盥洗、刷牙，有序地穿衣、裤、鞋，初步学习整理衣服；3. 知道必要的卫生保健知识，学习对自己的身体进行适当的保护；4. 对陌生人和危险事物有警觉；5. 积极参加体育活动，提高身体承受气温变化的适应力，动作自然、协调；6. 自理大小便，有初步的独立生活能力

续表

目标层次系列	目 标 内 容
下学期	动作技能：1. 跳跃动作自然，能较自如地控制方向；2. 学习听口令变换队形，动作准确地做器械操、韵律操；3. 近距离互相抛接物和肩上挥臂投物；4. 学会使用简单的操作工具和材料，手眼协调地进行建构拼摆活动；5. 能较协调灵敏地做不同类型的掷远、钻、爬、滚、攀、平衡动作；6. 熟练掌握多种运动器械和游戏的玩法。 生活卫生习惯：1. 大小便自理，生活有规律；2. 学习正确地使用筷子，养成收拾餐具的好习惯；3. 保持衣着整洁，爱护环境卫生；4. 学习整理床铺，有整理物品的习惯；5. 养成早晚刷牙等良好的习惯；6. 逐步形成正确的坐姿、学习姿势。 自我保护：1. 在各种活动中，学习保护自己不受伤害；2. 能配合成人进行预防接种和疾病治疗；3. 能记住父母的工作单位、家庭住址及电话号码，遇到危险时知道呼喊求救；4. 认识身体的各个器官，懂得基本的卫生保健常识；5. 懂得简单的交通规则，注意交通安全
三月	1. 学习听口令变换队形，学习做器械操、韵律操；2. 跳跃动作自然，学习创造性的练习跳的动作；3. 初步学习使用筷子的方法，学习收拾整理餐具；4. 学习大小便自理，生活有规律；5. 能记住父母的工作单位、家庭住址及电话
第一周	学习听口令变换队形，学习做器械操、韵律操
韵律操《采果子舞》	1. 在反复感受的基础上，边感受边学习舞蹈，初步学会踵趾小跑步，要求节奏基本正确；2. 摘采果子的过程中，体验劳动及丰收的喜悦

二、幼儿教育课程目标的表述

（一）目标表述的性质

目标按其性质可分为行为目标和表现性目标。

1. 行为目标：一种用可观察到的或可测量的幼儿的行为来表述的课程目标。它具体、明确，具有客观性和可操作性的特点。

如发展动手能力→发展手部动作的灵活性→会用剪刀剪纸条；

发展动作的协调性→发展正确的身体姿势和节奏感→能跟着节拍做操。

我们可以看到上述目标的表述越来越具体，操作性越来越强。

行为目标一般包括3个构成要素：

①核心行为：是期待幼儿能够做到的某种行为，往往要用一个操作性动词表示。如"说出……""比较……""指认……""区分……"等。例如"能够表达自己的意见"。

②行为产生的条件：是核心行为发生的条件或背景。例如"能够在团体面前表达自己的意见"。

③行为表现的标准：指核心行为表现可接受的程度。例如"能够在团体面前声音洪亮地表达自己的意见"。

行为目标以其具体、明确、易操作、评价的特点，在教学活动中运用得十分普遍。但是行为目标易使教师把视线仅仅放到幼儿具体的、外显的行为上，而忽略内在品质的培养，还易单纯追求教学结果，而忽略教学过程。在幼儿教育课程中，知识技能的传授、行为习惯的训练可以使用行为目标的表述方式，但是情感态度类的目标则难以使用这种方式。

2. 表现性目标：与行为目标相对，表现性目标描述的是幼儿身心的一般变化，而非某种特定行为。

如能避开危险，学会保护自己；

喜欢参加……活动，有求知欲，情绪愉快。

由于表现性目标描述的是幼儿身心的一般变化，所以它比较适合表述中远期目标，比较适合难以用具体行为来表述的那些情感态度类目标。

在实际工作中，我们应该善于吸取两种方式中的优点，根据目标的层级、内容来合理编制课程目标。

（二）学前教育课程目标表述的角度

目标是对儿童学习结果的预期，它既对教育行为起导向作用，又是检验教育效果的标准。因此，目标的表述要准确、清晰。课程目标可以从不同的角度来表述。

1. 从教师的角度表述，指明教师应该做的工作或应该努力达到的教育效果。常用"培养……""教育……""引导……""要求……"等方式表述。

如教会幼儿穿袜子的正确方法；

培养幼儿节约用水的良好习惯；

鼓励幼儿大胆地表达自己的真实想法；

……

2. 从幼儿的角度表述，指明幼儿通过学习应达到的发展。常用"感受……""理解……""喜欢……""参与……""能够……"等方式表述。

如能用听觉辨别不同的物体；

喜欢参加小制作活动，感受成功的欢乐；

知道简单的安全和保健常识，并能够运用；

……

对于这两种表述方式，更多的人倾向于使用后者。因为它可以让教师将教育活动的关注点更多地放到幼儿的"学"、幼儿的发展上，而克服以往教师较多注意自己"教"的行为。

（三）幼儿教育课程目标制定的基本要求

从宏观上来说，制定幼儿教育课程目标是一项系统性的工作。它需要课程编制者综合考虑方方面面的因素，如对幼儿现实发展水平和理想发展水平的了解，使课程目标适宜于幼儿的兴趣、需要、能力，最大限度地促进儿童的发展；了解社会对幼儿成长的期望和要求，使幼儿园生活能够为幼儿积极适应未来做准备；对人类知识的了解，哪些是幼儿应该学习的，如何最大程度地发挥知识的价值。对于从事幼儿教育的教师来说，我们主要参与的是单元活动目标或月计划目标和具体教育活动目标的制定，因此，需要从微观角度把握学前教育课程目标制定的基本要求。

1. 目标的内容要有机整合

当我们拟订近期或具体的教育目标的时候，首先要充分挖掘活动本身所蕴含的教育价值，思考它能促进幼儿哪些方面的发展。不宜只就某一学科提出单一的目标。

一般来说，目标的整合可以通过两种方式来实现：其一，目标尽量涵盖幼儿在五大领域获得的发展，不宜只就某一领域提出目标；其二，目标要能够促进儿童认知、情感和态度、动作和技能的全面发展，不宜只就某一方面提出目标。

中班主题活动"恐龙"，教师设定了如下目标：

①了解恐龙的外形特征、生活习性和恐龙灭绝的原因。
②学习根据恐龙的不同特征进行分类。
③萌发环保意识。
④体验动手创造的乐趣。

这一目标中既涵盖了社会、语言、科学、艺术等领域的教育内容，又包括了发展儿童认知、情感、能力等多方面的心理结构，体现了教育目标的有机整合。教育活动目标的整合是整个教育活动整合的基础，因为教师必须根据目标来选择相应的教育内容、活动方式、组织形式、指导方法等来确保目标的实现。

教育活动目标的整合，并不是说每个教育活动的目标都要面面俱到。某一活动的目标可以有所侧重，但从一段时间看、从整体上来看，应当让幼儿身心全面发展，不可偏废。

2. 目标的制定要明确具体

目标的层级不同，其内涵、阐述的方式都是不同的。越是上位的目标越宏观、笼统、概括，反之则越微观、明确、具体。课程目标笼统含糊，就无法在教育活动中真正地贯彻与落实。

如大班主题系列活动"我和松鼠做朋友"之一"小松鼠摘松果"的目标就比较具体：
①学会在间隔的纸板上跨跳走，双脚起跳摘松果。
②培养爱护小松鼠的情感。

这些目标具体明确，容易落实。与此相对，在教师制定的教育目标中，我们常常见到这种现象：教师不能就具体的活动清晰而明确地陈述幼儿应获得的某方面、某层面认知策略及某种能力的发展，而是笼统提出"鼓励儿童大胆作画，发展想象力""发展口语表达能力""发展动手能力""培养儿童合作精神""培养儿童活泼开朗的性格"，等等。能力的培养不是一朝一夕的事情，需要长期的教育与影响。因此，上述描述只适合于长期教育目标，而不适合于具体教育活动目标。

3. 目标的表述要清晰

表述清晰的目标使人一目了然，一下子就能把握教学的重点。目标的清晰表述必须注意两个方面的问题：

（1）认知、情感和态度、动作和技能三方面的内容分别阐述，避免交叉重复。如科学活动"奇妙的磁铁"目标如下：
①产生对磁铁的探究兴趣。
②发现磁铁吸铁的特性，了解磁力可以透过纸、塑料、玻璃、木板等物质吸住铁。
③尝试运用磁铁吸铁的特性及磁力的穿透性来解决问题。

上述描述每一条都是独立的内容，清清楚楚。反之则不然。

（2）表述的角度要统一。叙述目标时可以从教师的角度出发，也可以从幼儿的角度出发，但是在一次活动目标的表述中，角度前后一定要统一，不要将教师和幼儿的角度混用。

4. 目标的水平要符合幼儿的实际

目标拟定要依据本班幼儿的实际。只有在研究和把握本班幼儿身心发展的实际水平、发展需要和可能性的基础上，才能确定幼儿进一步发展的潜力、方向和步伐。因此，教师要观察、了解幼儿发展的现状及内在需要，使教学目标处于幼儿的最近发展区内，促进幼儿由潜在发展水平向现实水平过渡。

在一次刚刚升入中班的幼儿的音乐欣赏活动"小白兔跳跳跳"中，教师拟定了如下目标：

（1）感受活泼跳跃的音乐性质、单三部曲式的乐曲结构以及音乐的上行和下行。

（2）能用身体动作和语言来创造性地表现乐曲，发展创造力。

（3）体验参与音乐过程所带来的美好和快乐的情感。

由于幼儿较少接触音乐欣赏，他们对乐曲结构、音乐的上行和下行缺乏感知经验，致使活动效果不佳。

另外，在一个活动中，拟定的目标容量不宜过大。由于幼儿之间的能力、态度、认知等方面存在很大的差异，教育目标不仅要满足大多数孩子的发展需要，还要照顾到个别儿童。

5. 上、下位目标之间要保持一致

目标的实现不是一次教育活动所能办到的，越是长远的目标越是如此。任何一个上位目标的实现，都是通过多个下位目标的实现而达成的。因此，我们在拟定一个具体教育活动目标的时候，一定要与阶段目标在方向、内容上保持一致。

下面我们选取单元活动"宝宝爱上学"（见表3-3），请同学们自己分析单元总目标与具体活动目标的关系，领会上、下位目标之间的一致性。

表3-3 单元总目标与具体活动目标对照表

单元名称	活动名称	活动目标
单元总目标： 1. 认识新朋友和老师 2. 培养自我表达的能力 3. 知道乘车礼节与安全知识 4. 增进适应幼儿园生活的能力 5. 养成遵守常规的习惯 6. 熟练掌握日常生活的技能 7. 培养与人互动的能力 8. 养成喜欢上学的态度	迎新会	能向新朋友及老师介绍自己（1） 能叫出新朋友名字（1） 能和新朋友及老师一起玩（8） 能主动与老师及友伴交谈（7）
	宝宝爱上学	能说出对园所的看法（2） 能说出学期新希望（2） 能说出喜欢上学（2）（7） 能习惯幼儿园的作息制度（4） 上课时会发问（2） 能在团体面前表达自己的意见（2）（8）
	坐娃娃车	能说出乘车时应注意的事项（3） 会按顺序小心地上下车（3） 会协助友伴坐好位子（3）（8） 在车上不走动或打闹（3）
	室内室外都好玩	能主动地加入各种学习活动（4）（8） 能说出教室里外好玩的地方（4） 能说出教室里外有哪些规定（4） 能按规定使用及归放物品与用具（5） 能餐前洗手、餐后刷牙（6） 会自己吃饭（6） 能自己如厕及处理善后（6） 能自己穿衣穿鞋（6）

6. 要根据幼儿的反馈情况，及时调整目标

由于幼儿所具有的生活经验各不相同，他们的兴趣与需要往往也与老师预想的不完全吻合，因此，要根据教育过程中对幼儿的观察了解及时、灵活地调整目标。

思考与练习

1. 幼儿教育课程目标制定的依据有哪些？
2. 制定幼儿教育课程目标时应遵循哪些原则？
3. 试述各种幼儿教育课程目标取向的长处和短处。

操作实训

1. 以小组为单位，检索幼儿园某一领域活动教案，至少两个。将教案中的活动目标与书上该领域的目标相比较，讨论体会教案中的目标和书上的目标之不同。
2. 访谈一位老教师，了解他（她）对幼儿教育课程目标的基本认识。
3. 以下是《3~6岁儿童学习与发展指南》中语言领域目标3：具有文明的语言习惯，对3~4岁幼儿和5~6岁幼儿的要求，请比较体会小班和大班言语习惯目标的不同。

3~4岁：（1）与别人讲话时知道眼睛要看着对方；（2）说话自然，声音大小适中；（3）能在成人的提醒下使用恰当的礼貌用语。

5~6岁：（1）别人讲话时能积极主动地回应；（2）能根据谈话对象和需要，调整说话的语气；（3）懂得按次序轮流讲话，不随意打断别人；（4）能依据所处情境使用恰当的语言。如在别人难过时会用恰当的语言表示安慰。

4. 以下是《3~6岁儿童学习与发展指南》中社会领域目标1：愿意与人交往，对3~4岁幼儿和5~6岁幼儿的要求，请比较体会小班和大班社会交往能力目标的不同。

3~4岁：（1）愿意和小朋友一起游戏；（2）愿意与熟悉的长辈一起活动。

5~6岁：（1）有自己的好朋友，也喜欢结交新朋友；（2）有问题愿意向别人请教；（3）有高兴的或有趣的事愿意与大家分享。

第四章

幼儿教育课程内容的选择与组织

第一节　幼儿教育课程内容的含义及范围

一、幼儿教育课程内容的含义

幼儿教育课程内容是根据幼儿园的课程目标和相应的学习经验选择的蕴含或组织在幼儿园各种教育活动中的基本态度、基本知识、基本技能和基本行为方式。

对于幼儿教育课程内容的理解，我们可以从两方面把握：首先，内容是为目标服务的，教育目标是选择课程内容的依据，内容的选择和编排应以实现目标为原则，保持与目标的一致性。其次，幼儿教育课程内容不仅仅包括学科的知识和技能，还包括幼儿在学习过程中所形成的态度、价值观以及相应的行为方式，以保证儿童身心的全面发展。如果说目标是一个幼儿园教育活动的"指南针"与"方向盘"，决定了教育活动的价值方向，那么，幼儿教育课程的内容则是体现价值的重要载体。幼儿教育课程内容的组织形式与方式必须确保课程目标最大限度地达成所需要的巧妙"包装"，同样的内容以不同的"包装与重组形式"，最易于幼儿接受、悦纳、感动。

二、幼儿教育课程内容的范围

幼儿教育课程内容范围指幼儿阶段课程内容的基本要素或基本组成部分，可以包括以下三个方面：

1. 有助于幼儿发展的基本知识

幼儿阶段是奠基人类优秀文化知识的重要阶段，它不仅强调静态的知识学习，更重视动态知识的探索。静态知识是人类在传递过程中所提炼、萃取出的真理与经验，而动态知识彰显的是幼儿获取知识的过程。新近的建构主义学习观认为，人在与周围环境相互作用的过程中，亲历"同化—顺应"循环往复的过程，不断体悟知识的本真，锤炼出自身对知识的解释。在幼儿教育的过程中，课程理论倡导的是幼儿在获取知识的过程中有所收获，而非静态知识的结果呈现。

2. 有助于幼儿发展的基本态度

幼儿时期是积淀习惯、塑造态度、锻造品性的关键时期。一个人对事、对人、对物会有一种倾向性，这种倾向性就是在成长的过程中逐渐凝聚而成，扎根于人内心的心理品质，并潜移默化地影响人的决策、行动等。端正、积极的态度将会促使人以积极、健康的心态面对所学习的内容，不断增强自身各方面的能力，在适宜的场所表现出适宜的行为。鉴于基本态度的重要性，幼儿园教育活动应蕴含、渗透有助于幼儿发展的基本态度，如对事物的探究兴趣、自信、自我认同、责任感、荣誉感、归属感、关心、互助、合作、尊重、同情等。这些基本态度以显性课程或隐性课程的形式融入幼儿园教育活动中，如幼儿园社会教育活动设计是以显性的形式帮助幼儿形成正确的基本态度；与幼儿园教育活动相匹配的教育环境的设计和布置、教师的举手投足等则在暗中凸显出正确的基本态度。

3. 有助于幼儿发展的基本行为

态度决定行为。行为是人类与其他动物的动作、行动方式，是对环境的一种反应。幼儿的基本行为则是生活、学习、游戏、与人交往等日常活动中的基本方式与基本方法，是对外界自然环境、非自然环境的基本反应方式。这些基本的方式与方法将为幼儿日后形成适宜行为，拥有良好的行为方式、方法奠定基础。在生活中，幼儿渐渐习得自我服务的一套行为方式：独立吃饭、清洁、如厕、睡眠等行为体现的是幼儿的生活自理能力；在学习与游戏中，幼儿逐渐学会观察、倾听、判断、参与、合作等；在与人交往的过程中，幼儿会获得待人接物的方式，如对待老人、父母、同伴、小弟弟、小妹妹所应用的不同的方式。总之，在与自我、他人、物质世界的相互作用过程中，有助于幼儿发展的基本行为成为幼儿园教育活动的重要内容。

三、幼儿教育课程内容与课程目标的关系

幼儿教育课程内容是由课程目标决定的，而课程目标的达成又离不开课程内容，没有课程内容，课程目标也就无法实现。

（一）课程目标规定了课程内容的范围与要求

幼儿教育课程内容是依据课程目标来选择和确定的。幼儿教育课程目标既反映了社会对幼儿发展的期望，也反映了幼儿身心发展的需要、规律及特点。因此，幼儿教育课程内容必须适合幼儿的学习，同时还要有利于他们朝着社会的期望发展。幼儿教育课程目标旨在促进幼儿身心全面和谐发展，包括幼儿身体、认知、语言、情感和社会性等方面的发展。选择哪些内容才有可能满足幼儿这几方面的发展需要呢？显然，单纯地依赖一两个内容领域是不可能达到目标的，但要把人类所有的文化积累都纳入内容也不可能。因此，只能遵照目标所包含的几方面发展要求来确定内容的范围，选择对幼儿发展具有永恒价值的内容，既使他们终身受用，同时又能满足当前的发展需要和实际生活需要。如此，幼儿教育课程的内容应包括日常生活、体能锻炼、语言、数学、科学、社会、音乐和美术等学习范围，也可以把它们归纳为健康、语言、科学、社会和艺术领域。每一个学习范围或领域，既对幼儿身心全面和谐的发展具有共同的意义，又对幼儿某一方面的发展具有特殊的作用。

课程目标不仅规定内容的范围，而且还规定着内容的深度。例如，科学领域课程，不是让幼儿系统地学习某一科学学科的知识与技能，如物理学、化学或生物学等，而是结合周围环境中和实际生活中所遇到的自然现象和科学技术产品，如家电、汽车和电脑等，让幼儿观

察和了解它们与人类生活的关系，学习简单的科学探索方法并初步体验科学的态度和精神，所以幼儿教育科学的内容只包括初级的科学方法、与生活密切相关的自然现象、常见的动植物以及科技产品等主要内容。

（二）课程内容是目标的体现与依托

幼儿教育课程内容要体现课程目标的方向和要求。幼儿教育课程目标重视的是幼儿全面和谐发展，重视幼儿身体、能力和情感态度的培养，因此，所选择的内容必须体现目标的这些实质要求。内容是为目标服务的，如果忽略了这一点，在内容的选择上就会偏离目标的方向和要求，出现重知识，轻能力；重智力，轻全面发展等现象。例如，语言领域教育的内容包括听与说、早期阅读与书写准备等，其目的是促进幼儿语言能力的发展，包括学会积极地运用语言表达；与人分享自己的经验、想法和情感；学会倾听和理解他人的讲话，并用语言进行沟通；以及养成对符号（包括文字）的兴趣，喜欢阅读等。依此目的，教育教学的过程应当注重幼儿在实际学习与生活中学习语言的意义，提供支持幼儿运用语言积极进行互动的环境，帮助幼儿熟练地用语言进行表达与交流，而不是记录幼儿能背诵多少首儿歌，更不是要求幼儿一定要学会多少个字。总之，在选择学习内容时不能脱离目标的指引，若只从结果考虑而采取短期行为，将误导幼儿的发展方向。

第二节 幼儿教育课程内容的取向及原则

一、幼儿教育课程内容的取向

在幼儿教育课程设计过程中，幼儿教育课程内容的选择和组织首先涉及的是对课程内容取向的思考，之后才是课程活动的类型、结构和一些其他的方面。对课程的内容，存在三种不同的取向，据此可以以不同的方式选择和组织课程内容，形成与课程目标相一致的教育活动，用于组成幼儿教育课程。

（一）课程内容即教师教学的材料

将幼儿教育课程的内容看作是教师教学的材料的取向，关注的是教师的教学，特别是知识和技能的传递，而不是幼儿自主的活动。对课程内容持这一取向，会使课程的设计者将课程内容的重点放在教学材料之上，会较多地关注知识本身的系统性和逻辑性。

课程内容即教师教学材料的取向，将课程内容主要作为预设的东西，规定了教师应该教什么，幼儿应该学什么，其长处在于知识和技能的系统性和可操作性强，使教师在教育、教学过程中有据可依。由于这些长处，这一取向在幼儿教育课程设计过程中经常被人采用。

但是，这一取向使课程内容成为课程设计者规定幼儿必须接受的东西，而它们不一定是幼儿需要的和感兴趣的东西，也不一定是幼儿必须学的和能够学的东西。为了弥补这种活动内容取向的弊端，课程设计者和教师经常会想方设法地运用各种教学技术和技巧，对课程内容进行选择、加工和改造，试图使教学材料能引起幼儿的兴趣。

（二）课程内容即幼儿的学习活动

将幼儿教育课程内容看成是学习活动的取向，关注的是幼儿做些什么，强调课程与社会生活的联系，强调幼儿在学习中的主动性。英国教育家怀特海（Whitehead A. N.）的话"教育只有一种教材，那就是生活的一切方面"明确地道出了这种取向的本质。课程内容的这种取向批评了只是向幼儿呈现基本事实和方法的取向,主张要关注幼儿自己对活动过程的参与。

在幼儿教育课程设计中,这种取向并不少见。持这种取向,会使课程设计者设计和安排大量的活动,让幼儿在参与活动的过程中自己去探索和发现。

课程内容即学习活动的取向关注幼儿的活动,但这往往是幼儿的外显活动,尽管这些活动在表面上可能是很活跃的,但是,这些活动的内容能否被幼儿同化,能否从根本上引起幼儿深层次的心理结构的变化,是难以保证的。课程实施中,每个幼儿都在自己原有的水平上获得经验,即使是同样的活动,对于不同的儿童而言,所获得的意义可以是完全不相同的。课程内容的这种取向没有从根本上反映出幼儿学习的这一本质。

(三)课程内容即幼儿的学习经验

幼儿教育课程内容即幼儿的学习经验,这一取向认定幼儿是主动的学习者,决定学习的质和量的主要方面是幼儿而不是教材,换言之,幼儿是否能够真正理解和获得课程内容,主要取决于幼儿已有的心理结构,取决于幼儿与环境之间的有意义的交互作用。根据这种取向,知识是幼儿自己"学"会的,而不是教师"教"会的;课程内容应由幼儿自己决定,而不是由学科专家支配。

在幼儿教育课程设计中,这种取向也不难看到。持这种取向,会使课程设计者关注幼儿园环境的创设,关注幼儿学习经验的获得,强调幼儿在与环境交互作用中知识的建构,而不是特定知识的传递,或是一般意义上的活动组织和安排。

课程内容即幼儿的学习经验,这一取向将幼儿在学习过程中所获得的经验作为选择和组织课程内容的出发点,这种看法有其深刻的理由。但是,幼儿的经验是幼儿自己的心理体验,这是一种主观的东西,具有不确定性,课程设计者和教师难以把握,而且,在实践操作中,课程也容易过分泛化。

课程内容的不同取向对课程的关注点各不相同,甚至存在着冲突。一次教育活动的设计,在教育内容的取向上只能选取一种,而且必须是与活动目标的取向相一致的,但是,在编制幼儿教育课程时,则可以选取不同内容取向的课程进行组合,从而使各种内容取向的课程在幼儿教育课程中能相互兼容,取长补短,从而达成在学科知识、学习活动和学习经验之间的平衡。

二、幼儿教育课程内容选择的原则

幼儿教育课程内容的选择是一项复杂的工作。选择的依据要考虑多重因素,兼顾社会发展、幼儿园工作、幼儿、家长、教师等各方面的需要,以保证课程内容的科学性和适切性。

(一)能反映时代发展特征,有利于幼儿的后续学习和长远发展

幼儿教育是面向未来的奠基教育,从儿童终身学习和发展的角度而言,幼儿园教育与以后的学校教育之间需要衔接。因此,从课程内容的选取来看,首先,课程内容必须能反映当代社会文化的发展进步,反映最新的科学技术成果,体现时代性,由此才能符合教育目标的要求,为培养未来社会所需要的人才奠定基础。其次,课程内容本身也要能够从反映事物发展的内在规律性和幼儿身心发展的阶段性、连续性出发,体现出课程内容在知识经验之间的固有逻辑性上的衔接,由浅入深、由易到难、由具体到抽象、由较简单的先决技能到复杂技能的序列,排成一个有层次或有关联的系统,使当前的学习为其后续的学习提供基础,成为后续学习的"认知固定点",以循序渐进为原则,为幼儿今后的学习和成长发展奠定良好的基础。

(二) 能符合幼儿的年龄特征,配合幼儿的生活经验和认知水平

《幼儿园教育活动指导纲要》第三部分第四条提出:教育内容的选择应该"既符合幼儿的兴趣和现有经验,又有助于形成符合教育目标的新经验;既贴近幼儿的生活,又有助于拓展幼儿的经验;既体现内容的丰富性、时代性,又注重幼儿学习的必要性、妥当性以及与小学教育的衔接"。这些原则要求都是围绕幼儿的生活经验而提出的,所以,幼儿教育课程内容的选择必须以幼儿的生活经验为基准,遵循各年龄段幼儿在认知、情感态度、能力、个性和社会性发展方面的一般规律,提出既与幼儿原有经验相适宜又有利于幼儿主动建构的课程内容范围和处在幼儿"最近发展区"的内容难易程度。同时,协调好社会生活经验与幼儿个体生活经验之间的矛盾,以及学科逻辑与幼儿心理发展逻辑之间的矛盾。如课程设计中安排"我是中国人"的主题内容,就是考虑到在幼儿的生活经验中有中秋、重阳、元宵等许多富有民族文化特色的节日,他们能够在周围环境的影响下获得大量的直接经验,能够体验到节日的热闹气氛,可以在相关的主题活动中获得有关国家、地域、民族等比较抽象的概念。

(三) 能对应和覆盖课程的目标要求

课程内容是课程目标实现的有效载体,因此,课程目标是课程内容选择的一项重要依据,内容的选择与编排必须与课程目标相对应。具体说来,能对应和有效实现课程目标的内容应当是"有助于儿童获得基础知识和基本技能的内容""有助于发展儿童认知能力和积极情感态度的内容""有助于儿童掌握有效学习方式和社会性交往的内容"。如大班"认识十二生肖"的课程,有三项教育目标:①让幼儿了解十二生肖,培养对生肖知识的兴趣,激发民族自尊心;②发展幼儿绘画、制作的技能技巧;③训练幼儿思维的敏捷性。为了使课程内容对应和覆盖课程目标,就需根据大班幼儿的水平选择如下一些内容开展活动:①讲述关于十二生肖的故事并进行启发提问;②对幼儿组织集体谈话,加深对属相的认识;③布置"生肖角"——生肖挂历、生肖邮票、生肖糖纸、生肖工艺品等,并组织观赏,认识同类事物的不同形态;④制作"生肖游戏卡";⑤绘制"生肖邮票";⑥举行"生肖知识问答竞赛"等。从上述几方面的活动内容和材料安排来看,不仅能与目标相对应,覆盖目标,且内容丰富而形式活泼。

(四) 能引发和满足幼儿的兴趣和需要

幼儿的年龄特征决定了兴趣是直接支配他们学习的最大内在动力,有了兴趣,幼儿就有了主动参与活动的愿望和积极的态度。因此,幼儿的兴趣和需要是选择课程内容不可忽视的因素。《幼儿园教育指导纲要(试行)》中提出:"善于发现幼儿感兴趣的事物、游戏和偶发事件中所隐含的教育价值,把握时机,积极引导。"首先,教师可通过观察幼儿,及时捕捉幼儿的兴趣点所在,从幼儿感兴趣的事物中生成课程的内容和材料。其次,教师也可以预设一些既有利于幼儿发展需要又是幼儿感兴趣的课程内容。如给小班幼儿选择各种颜色的课程内容,既能让幼儿感受色彩美,萌发幼儿对美的体验,同时其活动形式又是深受幼儿喜爱的。再次,对一些对促进幼儿发展确有价值但难以直接引发幼儿兴趣的课程内容,教师应考虑采用幼儿感兴趣的活动方式,引导他们主动积极地参与活动。

(五) 能考虑季节、节日以及周边环境资源等因素

在幼儿教育课程内容的选择和安排中,还必须考虑到季节、节日、资源等其他一些因

素。如 4 月春季特征明显，可适时创设良好的环境条件，认识桃花姐姐，进行春游等活动；而到了 10 月 1 日国庆节，则可举行升旗仪式，学习制作国旗等活动。同时，在内容的选定上还要按照本地区、本园、本班的具体情况灵活安排，重视课程内容与周围社会生活的联系，善于从所在地区的自然环境、历史背景、社会设施及资源中挖掘与选择课程内容和材料，体现地方性、乡土性。如每年的 9 月是新生入园，6 月是大班儿童毕业升入小学的时期，那么，在这些日子开展"我爱幼儿园""我升班了""我是小学生"等主题活动内容将是适宜的。近年来随着社会的改革开放，幼儿园与社会的联系越来越密切，幼儿对社会的反映也越来越丰富广泛，每一个地区都有各自地区的特色文化及特色文化活动，幼儿有许多机会接触各种类似艺术节、旅游节等节庆活动、社会活动，我们就可以利用周边的环境资源开展"幼儿园的旅游节""逛逛某某名胜古迹""我家的特色食品""家乡的发展变化"等主题内容的活动，既贴近幼儿生活，又有利于取得活动实效。

（六）能体现科学精神与人文精神的融合

幼儿教育课程内容的选定，应当提倡科学精神和人文精神的融合。所谓科学精神，是指对课程内容的认知因素的关注，追求思考怎样的内容是为儿童的认知发展所需要的；所谓人文精神是指对课程内容的人文因素的关注，即思考活动的内容是否根植于幼儿的日常生活和兴趣，能激发幼儿自主自发的活动参与热情等。因此，课程内容的选择既要为培养幼儿具有健全的头脑和发达的理性服务，又要为培养幼儿具有丰富的感性体验和生活热情服务，使幼儿能关心课程内容中所蕴含的主观、个体、非逻辑、想象的成分，并与客观、社会、逻辑、思辨相对应、相结合，使科学精神和人文精神成为一个整体。

三、我国幼儿园的教育内容

根据《纲要》的要求，我国幼儿园教育的内容是广泛的、启蒙性的，按照幼儿学习活动的范畴相对划分为健康、社会、科学、语言、艺术五个方面，各领域内容都应使幼儿在知识、技能、能力、情感态度等维度得到发展。参照《纲要》的规定，幼儿园各领域教育的内容要求与指导要点可简要归纳如下：

（一）健康

从全面发展的教育目标出发，生命健康是幼儿园教育的首要目标。在这一目标指导下，《纲要》对幼儿园健康教育的内容提出了七点要求，这七点可以概括为三个方面：

1. 生理健康教育

生理健康是幼儿生命健康的基础。生理健康教育包括健康的生活习惯以及健康的体质两个方面。其具体的内容要求有：

第一，与家长配合，根据幼儿的需要建立科学的生活常规。教育幼儿爱清洁、讲卫生，注意保持个人和生活场所的整洁和卫生；培养幼儿良好的饮食、睡眠、盥洗、排泄等生活习惯和生活自理能力。

第二，开展丰富多彩的户外游戏和体育活动，培养幼儿参加体育活动的兴趣和习惯；用幼儿感兴趣的方式发展基本动作，提高动作的协调性、灵活性，增强体质，提高对环境的适应能力。

2. 心理健康与意志品质教育

心理健康和意志品质是幼儿生命健康的必要构成部分，对幼儿生理健康的发展有着重要的影响。其具体内容要求有：

第一，建立良好的师生、同伴关系，让幼儿在集体生活中感到温暖，心情愉快，形成安全感、信赖感。

第二，在体育活动中，培养幼儿坚强、勇敢、不怕困难的意志品质和主动、乐观、合作的态度。

3. 安全保健教育

自我保护意识与能力是幼儿生命健康发展的重要保证。因而，幼儿园还应密切结合幼儿的生活进行安全、营养和保健教育，提高幼儿的自我保护意识和能力。

（二）语言

语言习得是幼儿发展智力、进行社会交流的重要手段。学会简单地阅读、表达与交流是幼儿语言学习的基本目标，关于幼儿语言的学习，《纲要》提出了七点内容要求，概括起来有以下三个方面：

1. 培养语言交流能力

语言交流能力包括交流兴趣、语言的倾听与理解能力、语言的表达和思维力。其要点如下：

第一，创造一个自由、宽松的语言交往环境，支持、鼓励、吸引幼儿与教师、同伴或其他人交谈，体验语言交流的乐趣，学习使用适当的、礼貌的语言交往方式。

第二，养成幼儿注意倾听的习惯，发展语言理解等能力。

第三，鼓励幼儿大胆、清楚地表达自己的想法和感受，尝试说明、描述简单的事物或过程，发展语言表达能力和思维能力。

2. 培养幼儿阅读与书写文字符号的兴趣

第一，培养幼儿对生活中常见的简单标记和文字符号的兴趣。

第二，引导幼儿接触优秀的儿童文学作品，使之感受语言的丰富和优美，并通过多种活动帮助幼儿加深对作品的体验和理解。

第三，要利用图书、绘画和其他多种方式，引发幼儿对书籍、阅读和书写的兴趣，培养前阅读和前书写技能。

3. 民族语言的学习

语言的民族性与地方性要求，幼儿园既要提供普通话的语言环境，帮助幼儿熟悉、听懂并学说普通话，少数民族地区还应帮助幼儿学习本民族语言。

（三）社会

社会领域内容服务于幼儿社会性的发展，幼儿社会性发展包括自我意识、社会交往技能、社会规则与社会文化学习等几方面内容。关于社会领域《纲要》提出了八点内容要求，可以概括为以下三点：

1. 自我意识与人际交往教育

第一，为每个幼儿提供表现自己长处和获得成功的机会，增强其自尊心和自信心。

第二，引导幼儿参加各种集体活动，体验与教师、同伴等共同生活的乐趣，帮助他们正确认识自己和他人，养成对他人、社会亲近、合作的态度，学习初步的人际交往技能。

2. 良好品德及行为规范教育

第一，提供自由活动的机会，支持幼儿自主地选择、计划活动，鼓励他们通过多方面的努力解决问题，不轻易放弃克服困难的尝试。

第二，在共同的生活和活动中，以多种方式引导幼儿认识、体验并理解基本的社会行为规则，学习自律和尊重他人。

第三，教育幼儿爱护玩具和其他物品，爱护公物和公共环境。

第四，与家庭、社区合作，引导幼儿了解自己的亲人以及与自己生活有关的各行各业人们的劳动，培养其对劳动者的热爱和对劳动成果的尊重。

3. 社会文化教育

第一，充分利用社会资源，引导幼儿实际感受祖国文化的丰富与优秀，感受家乡的变化和发展，激发幼儿爱家乡、爱祖国的情感。

第二，适当向幼儿介绍我国各民族和世界其他国家、民族的文化，使其感知人类文化的多样性和差异性，培养理解、尊重、平等的态度。

（四）科学

科学也是实现幼儿智育目标的重要途径。科学领域的重要目标是激发幼儿的好奇心与求知欲，培养幼儿发现与探究问题的能力。关于科学领域《纲要》提出了七点内容要求，可以概括为以下四点：

1. 激发幼儿的探究欲，培养幼儿探索与发现的能力

第一，引导幼儿对身边常见事物和现象的特点、变化规律产生兴趣和探究的欲望。

第二，为幼儿的探究活动创造宽松的环境，让每个幼儿都有机会参与尝试，支持、鼓励他们大胆提出问题，发表不同意见，学会尊重别人的观点和经验。

第三，提供丰富的可操作的材料，为每个幼儿都能运用多种感官、多种方式进行探索提供活动的条件。

2. 培养幼儿的科学兴趣与初步的合作学习的意识与能力

第一，从生活或媒体中幼儿熟悉的科技成果入手，引导幼儿感受科学技术对生活的影响，培养幼儿感受科学技术对生活的影响，培养他们对科学的兴趣和对科学家的崇敬。

第二，通过引导幼儿积极参加小组讨论、探索等方式，培养幼儿合作学习的意识和能力，学习用多种方式表现、交流、分享探索的过程和结果。

3. 培养幼儿初步的时空与数形概念

即引导幼儿对周围环境中的数、量、形、时间和空间等现象产生兴趣，建构初步的数概念，并学习用简单的数学方法解决生活和游戏中某些简单的问题。

4. 培养幼儿的环保意识和行为

在幼儿生活经验的基础上，帮助幼儿了解自然、环境与人类生活的关系。从身边的小事入手，培养初步的环保意识和行为。

（五）艺术

艺术领域的主要目标是培养幼儿对美的敏感性，以及初步的艺术表现能力。其内容要求如下：

1. 激发幼儿的审美情趣，发展幼儿的艺术潜能

第一，引导幼儿接触周围环境和生活中美好的人、事、物，丰富他们的感性经验和审美情趣，激发他们表现美、创造美的情趣。

第二，在艺术活动中面向全体幼儿，要针对他们的不同特点和需要，让每个幼儿都得到

美的熏陶和培养。对有艺术天赋的幼儿，要注意发展他们的艺术潜能。

2. 创造自由表现的机会，提高幼儿的艺术表现技能

第一，提供自由表现的机会，鼓励幼儿用不同艺术形式大胆地表达自己的情感、理解和想象，尊重每个幼儿的想法和创造，肯定和接纳他们独特的审美感受和表现方式，分享他们创造的快乐。

第二，在支持、鼓励幼儿积极参加各种艺术活动并大胆表现的同时，帮助他们提高表现的技能和能力。

3. 指导艺术制作，创设艺术展示机会

第一，指导幼儿利用身边的物品或废旧材料制作玩具、手工艺品等来美化自己的生活或开展其他活动。

第二，为幼儿创设展示自己作品的条件，引导幼儿相互交流、相互欣赏、共同提高。

（四）幼儿教育课程内容的特点

通过对幼儿园各领域的教育内容分析，我们可总结出幼儿教育课程内容具有如下特点：

第一，幼儿教育课程内容具有广泛性和启蒙性。幼儿园教育的内容是广泛的，涉及幼儿所接触的自然环境、社会环境、文学艺术等方方面面，具有广泛性、丰富性；但从幼儿的认识水平和幼儿阶段的教育任务看，这些教育内容又是简单的，具有启蒙性，教育过程中，并不强调课程内容的系统性和抽象逻辑性。比如，幼儿园阶段，幼儿所学习的故事、儿歌、散文等文学作品，体裁丰富、浅显易懂、富有童趣，在学习过程中只是让儿童初步感知文学作品的语言和结构；再如，幼儿园的数学活动虽然包含数、量、形各方面内容，但各方面都是粗浅的，幼儿只学习10以内数的加减运算，初步掌握最基本的平面图形和立体图形等。因而，教师要根据幼儿园教育任务和幼儿的年龄特点，选择适合于幼儿身心发展特点的课程内容，创设丰富的环境，提供条件和机会，帮助幼儿初步认识周围的环境，从而激发他们的探求欲望，形成良好的学习态度和习惯，为进一步学习打下坚实的基础。

第二，幼儿教育课程内容具有综合性和整体性。虽然幼儿教育课程内容相对分为5个领域，不同领域又包含自身不同的内容，但这些内容是相互联系的，构成一个完整的统一整体。同时，幼儿的学习也是综合的，幼儿在进行某一领域，如"语言"领域的学习时，并不只是学会讲故事、说儿歌，而且也获得了其他领域，如艺术、社会、科学领域的知识经验。另外，即使是在某一领域内，也包含着认知类、动作技能类和情感态度类的学习内容，促进幼儿在知识、技能、情感、社会性等各方面得到发展。以科学领域的教育活动内容为例：包括认识常见的自然形象及其与人类、动植物的关系；认识周围的物质世界及其相互关系，以及养成关心、爱护周围环境的态度、行为和方法；认识日常生活中常见的科技产品及其对人类的影响；认识人体的奥秘及其保护，课程内容具有较强的整体性。鉴于此，《幼儿园教育指导纲要（试行）》特别强调"在教育过程中应依据幼儿已有经验和学习的兴趣与特点，灵活、综合地组织和安排各方面的教育内容，使幼儿获得相对完整的经验"。

第三，幼儿教育课程内容具有生活性和生成性。《幼儿园教育指导纲要（试行）》指出："教育活动内容的组织应充分考虑幼儿的学习方式和特点，注重综合性、趣味性，寓教育于生活、游戏之中。"与中小学教育不同，幼儿的学习侧重感性经验、直接经验的积累，他们是通过游戏、观察、操作在一日生活的活动之中获得各方面发展的，具有突出的生活性。同时，在丰富的社会生活之中，儿童在亲身接触认识各种事物，形成已有知识经验的基础上，

也在不断拓展其认识范围，生成新的、超出原有课程内容的知识经验。所以幼儿教育课程内容不是静止的、一成不变的，而是灵活、动态、可生成的。

幼儿教育课程内容来源于日常生活，与幼儿的生活经验紧密相关，如"秋天的图画""生活中的数字""社区地图""乌龟一家"等课程内容尊重幼儿已有的生活经验，易于激发儿童的学习兴趣。同时，社会生活不断发生变化，儿童关于周围生活的知识经验也在随之丰富和更新，所以，幼儿教育课程内容是不断变化和生成的，如"小小建筑工""虫儿大世界""我要上太空""沙漏制作大比拼"等反映社会日新月异变化的事件和现象又成为儿童感兴趣的新的课程内容。即使在已有的课程内容中，根据幼儿的学习兴趣和认知特点，也可以对这些课程内容进行新的挖掘和生成，以满足幼儿不断生成的、新的学习需要。

第三节 幼儿教育课程内容的组织

当我们确定了课程目标，并据此选取了课程内容之后，如何有效地组织课程内容？选择什么样的教育途径、组织形式进行教学，这就涉及课程的组织。课程要有效地促进幼儿的发展，必须对各种课程因素加以组织，使之互相强化，产生合力。可以说，课程组织是产生教育效应的基本过程。

（一）什么是幼儿教育课程组织

幼儿教育课程组织是指在一定的教育价值观的指导下，将所选取的各种课程要素妥善地组织成课程结构，使各种要素在动态运行的课程结构系统中产生合力，以便有效地实现课程目标。不同的课程价值观，对于课程组织的理解也是不同。如果认为"课程即学科"，那么，课程组织便是对学科知识技能及结构的组织；如果认为"课程即经验""课程即活动"，则课程组织不仅涉及对经验、活动的选择与编排，还要考虑学习主体的特点、需求以及对学习情境的要求，以及课程在向学习者的学习经验转化的过程中所涉及的所有因素。根据学前教育课程的特点，学前教育课程组织是教师通过科学组织儿童特点经验与能动性、教育内容、途径、教师与儿童关系、班级氛围、环境材料各种课程要素，使课程活动有序化、结构化、兴趣化，以产生优化的教育效应，实现课程目标的综合化过程。

（二）幼儿教育课程内容的组织原则

《纲要》明确指出，幼儿园的教育内容是全面的、启蒙性的，可以相对划分为健康、语言、社会、科学、艺术5个领域，也可做其他不同的划分。教师要根据《纲要》，从本地、本园的条件出发，结合本班幼儿的实际情况，因地制宜地实施素质教育，为幼儿一生的发展打好基础。因此，幼儿园教育活动内容的选取绝不能随意，而应遵循一定的原则与规范。

1. 生活性原则

教育是关乎人的学问，幼儿教育是关乎幼儿生命成长的学问。幼儿教育的根本要旨是尊重幼儿生命的发展逻辑，不断创造条件，促进每一个生命的发展，使其更有意义。生命是生活的出发点与归宿，生活是生命的意义，是生命的生动体现。因此，为了让幼儿真正感触到生命的脉动，作为幼儿教育载体的幼儿园教育活动内容必须贴近幼儿的生活，尤其要关注幼儿的日常生活。因为熟悉的日常生活能够激发幼儿学习的欲望、探究的兴趣，使其更容易感受和理解，并在熟悉的生活中持续学习。相反，如果幼儿园教育活动的内容远离了生活，则会让幼儿难以理解，无法体验，最终事与愿违。比如，某幼儿园在3月份开展"学习雷锋叔叔"的教育活动，可由于幼儿不知道"雷锋是谁，他为什么省吃俭用，他不喝饮料是不是因为饮料是垃圾食品"，结果活动不但没有达到教师预想的目标，还干扰了幼儿理解。因此，对于幼儿这个特殊的教育群体，教育内容源于生活，才能实现高于生活的追求。

2. 适宜性原则

有效的教育要有一个适宜的课程，要求实践工作者落实到具体的教育目标定位与教育活动内容选取方面。所谓适宜，美国研究发展适宜性的学者认为，发展适宜性包括3个维度的适宜：年龄适宜、个体适宜、文化适宜。年龄适宜指人类出生的前9年，存在着普遍的、可以预料的成长与改变，并显现于生理、情感、社会性、认知等发展的各个方面。教师不仅要深入掌握不同年龄阶段幼儿的发展特征，并且要关注同一年龄阶段内每个幼儿的差别，他们的学习方式、思想、接受方式、最近发展区的差异；还要深切关注幼儿的多元文化背景，既包括宏观的国家文化背景，又包括不同的家庭背景与家庭文化，家庭环境给予幼儿不同的文化烙印。只有教育活动内容适合每一位幼儿的文化与个性，在每位幼儿的最近发展区的区域内，幼儿的成长才更有效，更具价值与意义。

3. 趣味性原则

幼儿的学习与其他年龄阶段的教育对象存在明显不同，幼儿的思维倾向于具体形象性，善于从直观的感官中学习，因此，幼儿园教育活动的内容必须遵循趣味性原则。在杜威看来，兴趣或趣味是在统一的活动中所要学习的事实或所建议的行动和正在成长的自我之间公认的一致性原理。趣味蕴含着一种内驱力，这种内驱力源于活动内容本身所具有的魅力，可以引发幼儿探究的欲望与冲动，使幼儿具有一种"忘我"的能力，并为了完成一个任务而自发、自愿、全神贯注地投入于事情完成的过程中。趣味性并不是给枯燥的活动"穿"上漂亮的外衣，以外部的吸引力暂时地牵引着幼儿学习，而是活动内容本身对于幼儿而言，具有强烈的吸引力，幼儿在参与、投入的过程中享受着活动内容的挑战与趣味带来的内心充实与幸福。

4. 综合性原则

《纲要》中明确指出，教育活动内容的组织应该充分考虑幼儿的学习特点和认识规律，各领域的内容要有机联系、相互渗透。幼儿的生活是整个的，不会细化为语言、科学、社会、艺术等。幼儿对事物的认识是整体的，他看到一朵花，会自然地数一数有多少花瓣，说说这朵花是什么颜色的，叫什么名字，也会在纸上涂涂画画。由此可见，幼儿认识事物的特点就是整体的、完整的，幼儿的学习也是整体的、完整的，因此，幼儿园教育活动内容组织必须是综合性的、整合性的。刻意割裂各个事物的联系，或者割裂一个事物各个方面的联系，会生硬地隔断幼儿对事物的真实理解，断开一个事物与其他事物的相互关系，妨碍其分析问题的逻辑。

5. 行动性原则

幼儿在与外在世界相互作用的过程中，不断建构自己的知识场，逐渐明理。他们天生具有行动的气质，乐于"做中学"。因此，幼儿园教育活动内容必须还原为幼儿的经验，还原为幼儿成长的过程。换句话说，就是把幼儿将要学习的内容渗透到幼儿的探索、实验、操作、体验、表现、表达、游戏、交往、重复等活动中，通过一次次这样的活动深化，形成自己的理解。在幼儿园教育活动内容的选取与组织中，最忌将要学习的内容以结果的形式直接呈现给幼儿。这就犹如一位成人将咀嚼了很久的饭菜喂给幼儿吃，幼儿虽不需要自己咀嚼就可不费力气地吃到饭菜，但营养早就随着成人的咀嚼流失掉了，幼儿学习咀嚼的机会也被成人草率地忽略了。

6. 流变性原则

幼儿教育活动内容并不是国家统一规定的，更不是既有之则一成不变的，而是需要幼儿园教育活动设计者分析活生生的幼儿所生活的环境、文化背景的特点，不断发现与寻找。随着时代的发展，幼儿的社会环境日益丰富，幼儿对事物的感受与理解也会有所变化，幼儿的兴趣、关注点也会伴随重大社会事件的发生而转移。因此，幼儿园教育活动内容的选择需要根据实际情况进行调整，或充实，或删减，或更替，或合并，或深化，或生成。总之，幼儿园教育活动内容的选择是变化的，呈现在幼儿面前的应是切合本地区、本幼儿园、本班不同幼儿需要的知识容量，能为幼儿的进一步发展提供支持。

(三) 幼儿教育课程组织的线索

幼儿教育课程的有效组织可以从不同的角度和逻辑起点来考虑，主要是纵向、横向的两个方面：

1. 纵向组织

人的身心发展有阶段性的序列，知识也有演进的序列，这就使得课程内容有纵向组织的必要。根据知识的内在联系组织课程内容有利于学习者获得系统的知识和严密的思维训练，其计划性比较强。根据学习者的心理逻辑，即儿童的经验、能力、兴趣、需要来组织内容，以儿童的生活经验为基点，按经验演进的规律逐步扩大学习范围，较适合儿童身心发展规律和个别差异，易于调动学习者的积极性、主动性和理解力。其教学内容具有较大的灵活性、变通性，易于及时调整内容，便于教师和儿童一起计划课程活动。这一组织方式教师把握起来难度较大，对教师专业素质要求较高。

学前教育课程纵向的组织首先要以儿童的心理逻辑为先，还要考虑知识内容的内在联系，使之更加优化，以利于儿童学习活动的顺利展开和有效学习。

2. 横向组织

课程的横向组织体现为整合性。生活原本是整体的，幼儿的经验也是整体的。幼儿教育课程横向组织包括如下三个维度：

（1）幼儿经验的整合。每个幼儿的需要、兴趣、经验等，都是一个独特的有着内在联系的统一体，即人格整体。在幼儿不断学习和发展过程中，新学习的经验要与已有的经验在交互作用中不断整合起来，幼儿的经验由此不断生长，人格不断完善。

（2）知识内容的整合。通过课程内容横向组织，使不同学科知识在差异得以尊重的前提下有联系地相互整合起来，消除学科之间彼此孤立甚至相对立的局面，以使幼儿的学习产生最大化积累、知识的良性发展。

（3）社会生活的整合：课程内容以社会生活的需要为中心整合起来，并将社会生活视为具有内在联系的整体。

课程的纵横向组织给我们提供了组织幼儿教育课程的角度和线索，我们应关注儿童终身发展的内在需要，着眼于儿童的整体发展，为他们的人生发展奠定坚实的基础为根本的价值追求。根据社会和科技发展的需要，以及幼儿"生活世界"的整体性，从情感态度、知识与技能、过程与方法以及能力发展等方面去多角度、全面地考虑组织课程、整合资源、优化课程结构，使之既有序而又灵活地贴近幼儿的现实生活，以有利于幼儿整体素质的发展。

（四）幼儿教育课程内容的组织形式

1. 基于一日生活的渗透式组织

这里的生活主要是指幼儿一日生活活动，幼儿的一日生活中蕴含着丰富的学习内容。作为教师需要清楚不同的环节中渗透的主要教育内容是什么，从而把各领域的内容有机地与幼儿生活联系在一起。如健康领域在幼儿生活的每一个环节中都有体现，早上的早操、户外游戏，各类生活护理活动，各类集体教学活动都蕴含着健康教育的内容，教师需要具备健康教育意识。语言领域也渗透在幼儿园一日生活的各环节中，幼儿间的自由交流以及师幼之间的互动都离不开语言，丰富的练习与正确的引导与示范都和日常生活紧密联系在一起。社会领域更是渗透在日常生活的各环节中，入园与离园的礼貌，日常活动中的各类规则的习得，幼儿与同伴关系的建立都离不开日常生活。一日生活中，也渗透着丰富的科学与艺术领域的内容。

2. 统整性的主题式组织

围绕核心话题将各领域内容统合组织在一起，对幼儿实施全面的教育，这是当前我国幼儿园组织教育内容的一种主要策略。主题式组织要注意以下几个问题：

第一，话题的典型性。主话题要能代表幼儿发展的核心需要，即有助于幼儿关键经验发展的话题。可以是侧重生活与自然的节律，如春天、秋天、我上幼儿园了等；也可以是侧重领域专门内容或节日文化内容的，如动物世界、各行各业的人们、中秋节等。

第二，主题内容组织的多领域性。主题式组织中还要注意各领域内容的平衡。如秋天的主题里，要有语言、社会、健康、科学、艺术各领域的活动，这样才能使幼儿在一个主题活动中学习到多领域的内容，实现全面发展。

第三，主题活动形式的多样性。主题式内容组织中，要注意活动形式的多样性，既有集体活动，也有区域活动，还要有小组与个别活动，让幼儿在多种活动形式中内化学习内容，获得丰富发展。

（五）幼儿教育课程内容组织的方法

1. 对幼儿学习活动的分析

在研究和分析课程内容本身的基础上，还应按照活动的性质与类型对课程内容本身进一步分类，看哪些内容适合于什么性质的活动，还需要补充哪些内容，以保证不同性质与类型活动的比例平衡。

幼儿教育课程的主要特点是有教师的指导。根据教师对幼儿学习活动控制的程度不同可把学习活动分为发现学习（个别的活动）、发现和接受相结合的学习（小组活动）和接受学习（集体活动）。

各种类型的课程应当根据幼儿的年龄、学习内容的性质有适当的比例。如果发现已有内容中适于集体活动的多，就再补充设计一些适合于个别活动和小组活动的内容。

2. 学习内容先后顺序（进度表）的安排

所有学习活动不可能一次完成，需要按照时间的先后顺序和内容由近到远、由已知到未知、由易到难的规律把列出的学习材料进行排序，将这些学习活动分成一个个主题、一个个活动进度表。也就是说确定先做什么、后做什么。在安排进度表时需要考虑以下两个因素：一是幼儿的认识是由近及远、由易到难、由已知到未知的，因此要注意幼儿在学习之间的联系。二是知识领域是有自身逻辑结构的，应按照各学科的体系与规律来确定先学什么、后学什么,以帮助幼儿获得科学的知识。

案例1　　从兴趣入手选择组织课程

后现代主义学者多尔指出:"课程成为一种过程——不是传递所(绝对)知道的,而是探索所不知道的知识的过程;而且通过探索师生共同'清扫疆界',从而既转变疆界也转变自己。"可见,幼儿教育课程由于幼儿、情境以及师幼互动交往的动态使得实施过程充满了变化的因素,充满了无法预知的衍生性和创造性,因此,课程从本质上说是动态地发展变化的,它是根据幼儿的兴趣需要而设置的,生成性是课程的本质价值,而幼儿的兴趣正是生成的前提和基础。

如果说从教材入手设计和编选课程内容更多体现的是课程的预设性的话,那么,从幼儿的兴趣入手设计和编选课程内容则更多体现的是课程的生成性。从生成的理念出发,教师在课程内容的设定中应当以幼儿的兴趣为课程生成的出发点,以幼儿感兴趣的课程主题带动和引导幼儿的发展。如幼儿园请来了皮影剧团,表演过后,孩子们对皮影产生了浓厚的兴趣,纷纷围着老师问这问那,表现了想自己尝试演一演皮影戏的强烈愿望。教师发现后,根据孩子们的兴趣点及时地生成了一次以"做皮影,演皮影"为内容的课程。孩子们和老师一起查找相关资料,准备相应材料,他们分成自由意愿报名的若干个小组(灯光组、道具组、舞台组、配音组等),在共同的分工和协作活动中,孩子们的兴趣得到了满足,体会到了成功和合作的乐趣,也发展了他们协作、交往和动手等方面的能力。

值得一提的是,在幼儿教育课程设计中,兴趣既是课程的驱动力也是出发点,从幼儿的兴趣入手设计活动已经成为教师们熟记于心的一条原则,但是,实际情况却并不完全乐观。在幼儿园所见到的课程中,不乏"虚构兴趣"的存在,即兴趣或成为活动开始时的一种点缀,或沦为教师利用的教学手段和幼儿即时娱乐的工具,或为满足单纯的情感需要。需要谨记的是,兴趣应当是在活动设计之初就已深思熟虑的,不仅包括课程内容也包括课程过程都能够维持幼儿的兴趣,而兴趣的出发点和立足点都应当是儿童自身的发展。

案例2　　从经验入手选择组织课程

作为一个主动的学习者,幼儿是在与周围环境相互作用的过程中获得经验的,幼儿的学习也离不开他们的经验基础。因此,课程内容的设置和编选也必须考虑到以幼儿的经验为基点,所设定的课程内容应贴近他们的生活经验范围。只有来自幼儿生活经验的内容才能引发他们的探究兴趣,符合他们的认知水平,唤起他们的表达、表现欲望,进而获得可能的发展。

下面以幼儿园"神奇的动物"(中班)课程内容的编排为例加以具体分析说明。

活动名称:神奇的动物(中班)

设计意图:4~5岁是幼儿想象力发展比较迅速的时期,他们好奇、好问、好幻想,所以,对幼儿进行想象力的训练是很有必要的。想象力是创造力的基础,具有创造精神的人才是未来社会需要的人。由此,我们产生了让中班幼儿通过想象,创造出一种新型动物的想法。此活动是通过引导幼儿观察分析世界上并不存在的动物"龙",发现它与真实动物的区别,让幼儿学习一点最简单的想象方法。通过这种途径,激发幼儿的想象力,鼓励他们敢于打破常规性模式进行创造性思维。

活动目标：1. 体验创造想象的快乐。
2. 初步尝试将某些动物的部分特征进行组合，想象出一种新的奇特的动物。
3. 发展幼儿的观察能力和想象能力。

活动准备：1. 龙的图片、十二生肖的头饰。
2. 动物的外形特征、生存环境、食性等粗浅的知识。
3. 活动区中投放动物吃的"食物"；动物身体局部的小图片；各种手工制作的材料；有关龙和动物的图书及资料。

活动过程：

1. 游戏导入

（1）游戏：十二生肖找食吃。幼儿任意选择十二生肖，寻找它们各自爱吃的食物。

（2）讨论：龙找到吃的东西了吗？它为什么找不着呢？由此引出龙的话题。

2. 发现"龙"的小秘密

（1）谈话：你喜欢"龙"吗？你在梦里见到过龙吗？龙是一种真实的动物还是人们想象出来的？

（2）观察龙的图片，引导幼儿发现龙身上的小秘密：从它的身体、头、尾巴、爪子等上面发现了什么小秘密？

（3）了解龙的传说，进一步了解龙是中华民族的象征，具有神奇的力量。

（4）师幼共同小结：龙是由一些动物的局部组合而成的，是由中国古代人用蛇、鱼、鹿、马、鹰等多种动物组合而成的。

3. 幼儿尝试想象神奇的动物

（1）想一想：教师出示动物的局部，如一个老虎头，请幼儿讨论，看看谁能通过想象将其变成一个与老虎不同，但又有超凡能力的神奇动物。

（2）做一做：教师提供美工用品和许多动物的局部图片，如动物的头部、躯干、四肢、耳朵、翅膀、尾巴等，幼儿可以用拼图、绘画、剪贴、泥工等形式，创造出现实生活中没有的、自己想象出来的神奇动物。

（3）讲一讲：教师与幼儿之间、幼儿与幼儿之间互相欣赏作品，讲一讲自创的动物有什么神奇的功能，将生活在哪里，喜欢吃什么等。给自己的动物起一个有趣的名字，与同伴和教师分享成功的快乐。

延伸活动：

1. 在活动区装饰和美化神奇的动物。
2. 鼓励幼儿为自己创作的动物编故事。
3. 请其他班级的小朋友来参观神奇的动物。

以上这一课程设计案例从目标的定位来看，着重于鼓励幼儿大胆想象和创造，并体验其中的快乐。课程目标的达成需要有与之相契合的课程内容材料。这则活动中，教师设置的是一个由龙引出的"神奇的动物"的课程内容，从内容的设定上能够很好地看出教师是以幼儿的经验为活动起点的。这种经验起点既包括幼儿在认知水平和学习动机水平上的已有经验，也包括幼儿在社会文化背景和日常生活中的已有经验。教师正是准确把握到了这一年龄阶段幼儿的经验基础，才能够借助于一定的游戏活动情景和组织形式，以保证和实现课程的目标，进而有效促进幼儿的发展。

思考与练习

1. 幼儿教育课程内容的范围是什么？
2. 幼儿教育课程内容选择的原则有哪些？
3. 怎样运用幼儿教育课程内容的组织形式？
4. 幼儿教育课程内容的含义与你日常理解的课程内容的含义有什么不同？
5. 作为一名幼儿教师，你认为幼儿教育课程内容的选择与组织应注意哪些问题？

操作实训

1. 实习开始时，你要为幼儿园的小朋友们介绍你自己。现在你帮助幼儿园的班主任，为她提供你介绍自己的内容。实习生的自我介绍就是一次幼儿园课程活动，从动态和静态、从课程内容选择的出发点的角度，说一说，你为什么选择这些内容？

2. 实习开始后，幼儿园的小朋友们对你的大学生活非常感兴趣，幼儿园的班主任也建议你可以组织一次小朋友们参观大学的活动。这时我们可以选择哪一种课程内容组织形式？请你设计一次30分钟的幼儿园小朋友们参观你的大学的课程活动方案。

第五章

幼儿教育课程活动设计

在一次幼儿园教研活动中,教师们围绕"幼儿教育课程的几种教学模式"展开了激烈的讨论。小张老师比较关注区域活动,认为区域活动能够更好地尊重幼儿的兴趣,培养幼儿的自主学习与探究的能力,同时也符合《3~6岁儿童学习与发展指南》的主要精神;小刘老师则表示,自己更加关注单元主题活动设计,认为主题教学活动可以最大限度上保证知识的系统性与连贯性;也有的教师认为分科(领域)课程同样存在较为明显的优势。针对以上讨论,你认为哪种模式更能促进幼儿发展呢?本章将重点探讨学科领域活动、游戏活动、区域活动、单元主题活动及综合课程活动的内涵及设计要点。

第一节 学科领域活动设计

新中国成立后,我国学前教育课程受到苏联幼儿园教育理论与实践经验的影响,在教学组织形式上基本采用学科教学的形式。1952年,教育部颁布了《幼儿园暂行规程》,初步确立了学科教学在幼儿园教育中的重要地位。1981年,教育部颁布《幼儿园教育纲要》(试行草案)将幼儿园教育内容与要求分为生活卫生习惯、体育活动、思想品德、语言、常识、计算、音乐、美术八个方面。2001年,教育部颁布《幼儿园教育指导纲要(试行)》,将幼儿园教育内容按照幼儿学习活动的范畴划分为健康、科学、社会、语言、艺术五个方面,即幼儿园五大领域。

一、幼儿园学科领域活动的内涵

幼儿园学科领域活动就是将幼儿园课程分为若干学科或领域,将适合幼儿发展的内容系统化,以学科或领域为单位设计、组织实施教育活动,以达到教学目标的一种教学活动。

二、幼儿园学科领域活动的特点

(一)系统性

幼儿园学科领域活动具有一定的系统性,活动的内在逻辑结构较为严谨,幼儿在教师引导下按照学科自身的逻辑,系统地把握每一学科领域的知识与技能。同时,幼儿通过各个学科循序渐进的学习,可在较短时间内获取较为科学、系统的感性经验。在教学中,既要注重学科领域的内在联系,又要注重学科间的横向联系,以更好地引导幼儿整合所学知识与技能。

(二)计划性

幼儿园学科领域活动具有较为明显的计划性。从教学目标的确立、教学环境与材料的选取、教学方法的应用到整个教学活动过程的设计与实施均是以教师的计划为依据而展开的。此外,教学活动效果评价的重要指标之一就是要衡量教学目标达成度来进行评价。

(三)可操作性

与其他课程相比,由于学科领域活动的教学内容是按学科知识体系进行编排的,具有一定的系统性和逻辑性。因此,在实施中亦具有较强的可操作性,即便教师不具备丰富的教育教学经验,也可以在教学参考书和教材的指导下一步一步、循序渐进地实施幼儿园教育教学活动,也较容易把握教学活动的进程,并对教学效果进行评价。

三、学科领域活动的设计要素

(一)确立教学活动目标

1. 活动目标制定的依据

活动目标的设置关系到教学活动成败,明确而具体的教学活动目标是教学实施的前提和基础。而教学活动目标的制定,需要依据以下几点:

(1)活动目标的制定需要依据国家教育部门颁布的政策、文件来确立(如《纲要》《指南》等精神要求),遵循幼儿园教育的总目标及学科领域目标的总体要求设计具体活动目标。

(2)活动目标的制定要充分考虑幼儿的发展规律,适应幼儿的年龄阶段及"最近发展区间"的要求,以促进幼儿发展。

(3)活动目标的制定要依据各学科领域自身的特点和规律,确保目标内容的科学性与系统性。

(4)活动目标的制定也要充分考虑本地区、本园的具体特点(如幼儿园现有的物质条件、教师自身情况等),设计出真正适合本地区、本园、本班幼儿发展的活动目标。

2. 活动目标拟定的注意事项

(1)活动目标应具有年龄适应性

不同年龄阶段的幼儿其现有知识经验与能力水平差别较为显著,因此活动目标的设计应适应幼儿的年龄特点。如小班数学活动"物体分类"的活动目标之一为"引导幼儿按照物体的大小、高矮、宽窄等特征进行逐级分类",该目标中"逐级分类"的要求对于小班幼儿来讲要求过高,难以完成。

(2)活动目标应具体明确,避免笼统

目标的设计要具体明确,不可过于宽泛。如小班科学活动"蔬菜奶奶过生日"的活动目标之一表述为"激发幼儿兴趣",则过于笼统。目标应具有针对性,可修改为"激发幼儿参与游戏的兴趣,使幼儿体验活动乐趣"。

(3)活动目标涵盖面要广

活动目标的制定要体现情感态度、认知、技能等方面的要求。如中班语言活动"猜猜我有多爱你"的活动目标表述为：①倾听故事，感知理解可爱的小兔和妈妈之间真挚深切的母子深情。②感受故事带来的爱的情感。③在集体面前大胆清楚地讲述自己对妈妈的爱，表达自己的情感。其目标涵盖范围较为全面，利于幼儿全面提升。

（4）表述角度尽量保持一致

活动目标的表述角度常见为三种，即幼儿发展角度、教师角度及评价角度。在目标设计中应避免主语不一致的情况，尤其在一条目标中更加需要一致的表述角度。如中班语言活动"彩色的世界"的活动目标表述为"学习理解诗歌内容，培养幼儿的想象力和语言表达能力"，在这一条目标中，"学习理解……"是从幼儿的角度出发设计的，而"培养……"则是从教师角度出发设计的。

（二）选择教学活动内容

《纲要》和《指南》将幼儿园教学内容划分为健康、科学、社会、语言、艺术五个领域，并进行了分门别类的界定。学会选择教学内容，是每位教师所必须具备的能力。一般来说，教师在确定了教学活动目标后，就要按照活动目标来选择教学活动内容。教师选择教学活动内容的基本范围为：有助于培养幼儿情感态度的内容，如艺术活动中的喜欢参与绘画活动，对手指印画感兴趣；有助于发展幼儿基本能力的内容，如语言活动中的创编故事、续编故事结尾等；有助于幼儿获得基础知识的内容，如科学活动中认识蚂蚁的外部特征。

在教学活动内容选择中，需要遵循代表性、适宜性、发展性及兴趣性原则。

1. **代表性原则**

所选择的内容要能够准确地反映某领域的基本知识结构，在某领域中具有较强的典型性，可帮助幼儿更好地在知识经验积累、情感态度激发及技能提升等方面奠定基础。

2. **适宜性原则**

《纲要》中提出"教育活动内容的选择，既适合幼儿的现有水平，又有一定的挑战性"。教学活动内容要适应幼儿的年龄特征，适应幼儿"最近发展区"要求，选择与幼儿已有经验相适应又利于幼儿进行主动建构的活动内容。

3. **发展性原则**

幼儿教育是面向未来的奠基教育，其教学活动内容在选取上，要遵循《纲要》中"既符合幼儿的现实需要，又有利于其长远发展"的要求。既要体现教育内容的时代性，主动适应社会对人才培养的基本要求；又要保持知识经验的固有逻辑关系，由浅入深、由表及里、由易到难、由具体到抽象，为幼儿呈现能够促进其一生持续发展的学习内容。

4. **兴趣性原则**

兴趣是幼儿参与活动的有效内在动力，教学内容应能最大限度地激发幼儿的兴趣需要。做到"既贴近幼儿的生活来选择幼儿感兴趣的事物和问题，又有助于拓展幼儿的经验和视野"。教师只有关注幼儿的兴趣与需要，才能把握教育时机，实施积极引导，从而促进幼儿身心发展。

（三）创设教学环境与材料

《纲要》中对强调"提供丰富的可操作的材料，为每个幼儿都能运用感官、多种方式进行探索提供活动的条件"。幼儿操作材料主要是幼儿在活动中摆弄、操作的实物性材料、图片性材料及符号性材料，是幼儿参与活动所不可缺少的有效载体。此外，良好的活动环境也有利于幼儿身临其境地感知、体验，获取大量感性经验。教师应注意：第一，要创设适合幼儿学习体验的环境，收集、选择适合幼儿摆弄操作的材料，可由教师独立完成，也可由师幼及家长共同参与创设及选择。如中班科学探索活动"蛋宝宝洗澡"中的生熟鸡蛋、蛋壳均是由教师及家长合作收集，为活动的实施提供了基础性保障。第二，环境与材料要丰富、有效。一方面，环境与材料的创设要体现丰富性与多样化特点；另一方面，要在众多的材料中选取最适合本次教学活动的操作材料，创设适宜的活动环境，以最大限度地体现环境与材料的教育价值。

（四）设计教学活动过程

活动过程是学科教学活动设计的主干，是活动目标实现程度的关键。一般来说，活动过程的设计主要为导入、基本部分、结束部分。

1. 导入环节的策略

良好的开端是成功的一半，教学活动的导入对整个教学活动的开展有着至关重要的作用。导入环节主要承担着激发幼儿活动兴趣、吸引幼儿注意力及引起下文的作用。应体现趣味性、启发性、针对性和简洁性特点。通常可以通过教具导入法、文学作品导入法、音乐导入法、游戏导入法、悬念导入法、情境导入法、谈话导入法、操作演示导入法等多种方法进行。

2. 基本部分的策略

活动的基本部分是活动实施最关键的部分，关系到活动目标的实现程度。教师可通过悬念法、情绪渲染法、新异操作法、启发诱导法、交流讨论法、游戏法、竞赛法等将活动层层展开，以实现预定活动目标。

3. 结束部分的策略

导入是教学活动成功的开始，结束部分则是活动成功的完美标志。教学活动结束部分应与开始及基本部分紧密相连，将活动推向新的高峰，延伸幼儿学习激情，给幼儿留下深刻印象。常用的结束方式有：总结归纳法、自然顺接结尾法、操作巩固法、延伸拓展法、游戏法、表演法、任务法。

案例

活动名称：中班《我想要快乐》

乌兰浩特市都林民族幼儿园　丛洪亮

活动领域： 语言

活动目标：
1. 认真倾听故事，理解故事内容。
2. 通过听故事理解"舒服也是一种快乐"。
3. 让幼儿明白快乐就在我们身边，帮助别人也是快乐。

活动重点及难点： 让孩子们感受到"舒服也是一种快乐"。

活动准备： 快乐拍手歌音乐、故事PPT

活动过程：

（一）开始部分

快乐拍手歌一段导入

（二）进行部分

小朋友你们快乐吗？（出示快乐）

那你们知道什么是快乐吗？（如果幼儿说知道，可以让他说一说什么是快乐）

那有两个熊宝宝他们很想要快乐！（我想要）

1. 出示标题《我想要快乐》（教师读出来）
2. 根据 PPT 讲述故事，边提问边讲。
3. 黑熊妈妈有两个熊宝宝，大黑和二黑，他们问妈妈："妈妈，妈妈，什么是快乐呀？"妈妈说："好孩子，自己去找才能知道什么是快乐呢！"
4. 两个熊宝宝找到很多的好吃的，有甜甜的蜂蜜、脆脆的果子，他们啊呜啊呜地大吃起来，大黑说："哇！真好吃！"二黑说："嗯嗯，吃得真舒服。"突然，大黑舔了舔舌头说："咦，吃东西是快乐吗？"二黑摇摇头说："不是，不是，吃东西是让我们舒服，不是快乐。"
5. 他们吃饱了，伸了一个大大的懒腰。"好累呀！"两个熊宝宝找到一个大树洞："哇！树洞里睡觉真好啊！""呼噜噜，呼噜噜"他们在树洞里睡得可香了。熊宝宝睡醒了，二黑伸了个懒腰说："睡得香是快乐吗？"大黑说："睡觉是舒服，不是快乐，不是快乐！"二黑说："是快乐，是快乐！"它们两个争论了起来。（提问：请小朋友说说吃饱饱的，睡得香香的是快乐吗？）（是，不是。）那到底是不是快乐呢？让我们跟着熊宝宝去看一看吧！
6. 走呀走，熊宝宝看见了小兔子，它们问："小兔子，小兔子，你快乐吗？"小兔子说："我的快乐是跑得像风一样快。"说着小兔子飞快地跑下山，熊宝宝也跟着跑。他们跑得很快，路边的树叶、小石子儿都飞了起来。跑到山坡下，小兔子说："熊宝宝，你们也跑得像风一样快！"熊宝宝说："我们跑得飞起来啦，也像小兔子一样快乐！"
7. 走呀走呀，熊宝宝们看见了小刺猬，他们问："小刺猬，你快乐吗？"（提问：小朋友你们猜，小刺猬的快乐是什么？）小刺猬说："我的快乐是可以摘到很多的果子。"
8. 走呀走，熊宝宝遇见了小青蛙。他们问："小青蛙，你快乐吗？"（提问：小青蛙的快乐是什么？）小青蛙说："我的快乐是可以站到荷叶上大声唱歌。"小朋友，大声唱歌是小青蛙的快乐，那我们也一起唱一首快乐的歌吧！（快乐拍手歌二段）
9. 熊宝宝回到家，对熊妈妈说："妈妈，妈妈，我们找到了很多的快乐。"熊妈妈说："你们都找到了哪些快乐呀？"（提问：小朋友你们说小熊宝宝都找到哪些快乐？）请幼儿自由说，吃到了香甜的蜂蜜、脆脆的果子……
10. 那让我们一起去看一看到底找到了哪些快乐呢？

教师边提问边完整再讲述故事一遍。

到第二段提问，熊宝宝找到了什么？（很多好吃的）有脆脆的……

大黑说什么？（哇，真好吃！）二黑说什么？（吃得很舒服！）突然，大黑舔了舔舌头说了什么？（咦，吃东西是快乐吗？）二黑是怎么答的？（吃东西是舒服，不是快乐。）他们在哪里？（大树洞里。）在干什么？他们在树洞里睡觉，心情觉得怎么样？（好玩。）熊宝宝睡醒了，大黑说什么？（睡觉是舒服，不是快乐。）二黑和他的想法一样吗？（不一样，大黑说不是快乐，二黑说是快乐。）他们争论了起来。

那小朋友你们说吃得饱饱的，睡得香香的到底是不是快乐呢？为什么不是？为什么是呢？那小熊宝宝为什么说是又不是呢？让幼儿知道，舒服也是一种快乐，就像小兔子的快乐（跑得像风一样快）一样。熊宝宝们看见小兔跑，他们跟着小兔跑，他们的心情怎么样？（开心、快乐。）

为什么小兔子跑就快乐呢？走着走着，看见了谁？（小刺猬。）小刺猬的快乐是什么？（摘果子。）他是怎么说的？（我的快乐是……）那为什么小刺猬摘到果子就快乐呢？熊宝宝最后又遇见了谁？（小青蛙。）小青蛙的快乐是什么？（唱歌。）他是怎么说的呢？（我的快乐是……）小青蛙唱歌为什么就快乐呢？（因为他喜欢唱歌。）

　　熊宝宝回到家，对熊妈妈说："妈妈，妈妈我们找到了很多的快乐，吃到了……"，还知道了小兔子的快乐是跑得像风一样快，小刺猬的快乐是可以摘到许多果子，小青蛙的快乐是……

　　熊妈妈说："是啊，其实快乐很简单，快乐就在我们的身边。"

　　那这些小动物都找到了自己的快乐，小朋友你们的快乐是什么呢？（请幼儿自由回答。）

　　（三）结束部分

　　哇，小朋友你们有这么多的快乐呀！可是还有很多小动物他们还不知道什么是快乐。让我们一起帮助他们找到快乐吧！小朋友帮助别人也是快乐！让我们听着快乐音乐帮助别人寻找更多的快乐吧！

四、学科领域活动的指导策略

（一）注重知识、能力与幼儿情感态度的综合提升

　　教师需要以知识的传授、能力的提升为载体，将幼儿的情感态度及人格的发展有机融合在教学活动中。避免"重知识轻体验""重技能轻感受"的教学设计与实施。

（二）兼顾活动的目的性与幼儿的兴趣性

　　在学科教学活动中，教师应在实现教学目标的同时，有效及时地关注幼儿的兴趣与需要。如在中班科学活动"植物看看看"中，活动目标定位为"学会利用放大镜细致观察植物的叶"。教师往往更为重视幼儿使用放大镜观察植物的过程，而容易忽视幼儿在活动中对蚂蚁产生的浓厚兴趣。

（三）充实教师自身的学科知识

　　幼儿教师的学科知识是教学活动有效开展的有力支撑，教师学科知识积累越丰富，越有利于教学内容的科学性；教师学科内容理解得越透彻，越有利于科学看待幼儿的学习现状与潜力。

大班科学活动《有趣的水》

乌兰浩特市都林民族幼儿园　丛洪亮

活动目标：

1. 在尝试活动中，了解水的特性。
2. 能仔细观察，乐于尝试，懂得保护水。

活动重点难点： 尝试了解水，进行探索实验，懂得保护水。

活动准备：

1. 两个金鱼缸（一缸水内有一条金鱼，一缸米内有塑料彩球），一玻璃杯清水，每组一份菊花精、白糖、盐、沙、石子、红豆。
2. 人手一只塑料小篮、有洞塑料袋、有洞小容器、半玻璃杯清水、一条毛巾。

活动过程：

1. 教师导入课题

（1）出示一杯清水

师：瞧，今天我给大家请来了好朋友——水。它的秘密可多啦，现在就让我们一起去探索水的秘密。

（2）幼儿猜猜水里、米里有什么

师：小朋友看看这两个金鱼缸，一个缸内装水，一个缸内装米，你们知道水里、米里都有些什么东西吗？

幼：有的说水里有条金鱼；有的说水里有条金鱼在游来游去。

师：你是怎么知道的？

幼：有的说一看就知道；有的说透过水看到的。

师：看看米里有什么？

幼：有的说只有米；有的说什么也没有；有的说看不出。

教师从米里拿出塑料彩球。

小结：水是无色透明的，能看见水里的物体；米不透明，看不见里面的东西。

（评：以探索秘密引出课题，萌发幼儿的好奇心，充分调动了幼儿的学习兴趣，并以具体形象的猜一猜活动，让幼儿自己感受水是透明的。）

2. 幼儿进行尝试操作

（1）盛水活动

师：老师给小朋友准备了有洞的小容器、塑料袋、小篮，请你们选一样来盛水，看看会怎样？

幼A：小容器里的水跑到了盆里。

幼B：篮子放到盆里时篮子里有水，拎起篮子水没了。

幼C：塑料袋里的水流到盆里了，盛不住。

小结：水会流动。

（评：提供材料，幼儿在自己的尝试操作中感知水会流动，教师及时肯定幼儿的结论，使幼儿有了成功的体验，为下一尝试活动奠定了基础。）

（2）溶解实验

师：请小朋友从桌上的白糖、盐、菊花精……中取几样东西放入你的清水中，再轻轻搅拌，看一看，你会发现什么？

幼儿尝试操作，教师巡回指导。

引导幼儿仔细观察水的颜色及实物在水中的变化。

建议幼儿相互交流实验结果。

师：谁来告诉大家实验中，你发现了什么？

幼A：糖、盐放在水中没有了，沙子沉到了杯底。

幼B：菊花精放在水中，搅一搅后没有了，水变成了淡黄色，小石子还在水中。

幼C：糖、盐、菊花精放在水中都没了，水变颜色了，沙子、红豆、石子都在水里。

师：小朋友观察得可真仔细。

小结：糖、盐、菊花精放入水中不见了，这几样东西被水溶解了。

师：生活中你还见到哪些东西能被水溶解？

幼：有的说果珍，有的说味精，有的说化肥，有的说感冒冲剂。

（评：提供多种材料，让幼儿尝试操作，并引导幼儿自己观察、比较，讲述自己的发现。既为幼儿间的互动提供了机会，又使幼儿的主动活动得到了充分体现，锻炼了幼儿的语言能力，也理解了溶解的含义。让幼儿运用已有经验，培养幼儿创造性思维。）

3. 引导幼儿保护水

师：水是我们人类的好朋友，也是小金鱼的家，看小金鱼在清水中游得多欢呀。可我们经常在电视看到一些河水发臭，鱼儿都死了，也影响了人们的生活，所以我们怎样保护水呢？

幼 A：不把脏东西丢进河里。

幼 B：工厂里污水不能放到河里。

幼 C：看到河里有垃圾把它捞上来。

幼 D：让治污水的叔叔把水变干净。

师：小朋友的办法可真多，好了，现在我们把刚才水杯里的水倒到水桶里，可千万不能乱倒呀。

（评：教师适当引导，使幼儿了解水污染的危害，激发幼儿保护水的意识，增强幼儿的环保意识。）

第二节　游戏活动设计

一、游戏及其特征

游戏是幼儿园教育的基本活动形式，是最适合幼儿也是幼儿最感兴趣的活动形式。《教育大辞典》中对游戏的定义是："游戏是幼儿的基本活动，是适合幼儿年龄特点的一种有目的、有意识的，通过模仿和想象，反映周围现实生活的一种独特的社会性活动。"目前，学术界对游戏并没有统一的界定，但对于游戏的基本特征看法基本一致，主要表现在：

第一，游戏的愉悦性。游戏是快乐的，儿童通过与游戏环境、游戏材料及角色的互动，获得愉快的情感体验。一旦幼儿在游戏中无法获得愉悦的体验，会自动退出游戏，也意味着该幼儿的此项游戏消失。

第二，游戏的自主性与自愿性。《儿童权利公约》指出：儿童有权自由发表自己的意见，表达游戏的愿望，可以自由选择同伴。教师应为儿童创设条件，使其依据自己的兴趣和愿望选择游戏的形式、材料，并掌握游戏的节奏和进程，自主、自愿地游戏。

第三，游戏的想象性。游戏是儿童模仿现实生活的一种具体形式，在游戏中儿童通过假想可以扮演真实生活中的各种角色，在幻想中体验角色。

第四，游戏的有序性。游戏在一定程度上是自由的，但并不意味着毫无规则和约束可言。显性和隐性的规则，使游戏顺利进行，规则既是对同伴的约束，也是对自我的约束。这种"秩序"能够使儿童的游戏进入和谐、有序的状态。

第五，游戏的社会性。游戏既源于儿童生活，又融入儿童生活。儿童在游戏中模仿、扮演社会生活中感兴趣的角色，满足了其渴望参与社会实践活动的需要。

综上，游戏是一种有意识的、自主自愿、创造性的活动，是儿童通过模仿和想象，并遵从于一定游戏规则反映现实生活的愉悦、有序的活动，是人的社会活动的最初级形态。

二、游戏活动的类型

儿童游戏的种类丰富多彩，其类型主要有：

（一）根据儿童社会性发展水平可将游戏划分为：偶然的行为、游戏的旁观者、单独的游戏、平行的游戏、联合的游戏和合作的游戏。

（二）根据教育作用可将游戏划分为：角色游戏、结构游戏、表演游戏、体育游戏、智力游戏、音乐游戏。其中，体育游戏、智力游戏与音乐游戏由于需要预设规则、玩法和任务，可称为规则游戏。而角色游戏、结构游戏和表演游戏属于创造性游戏范畴。

（三）根据皮亚杰儿童认知发展理论将游戏划分为：感知运动游戏、象征性游戏、结构性游戏及规则性游戏四种类型。

三、游戏活动的开展

（一）合理规划设计游戏空间、时间与材料

为保证游戏真正成为幼儿的基本活动，发挥游戏在幼儿生活与学习中的重要地位，应将游戏纳入幼儿园整体课程的管理中。教师应创造性地规划游戏空间，科学设计各游戏区空间密度，保证儿童游戏顺利开展；合理规划游戏时间，将幼儿一日生活与幼儿游戏相融合，巧妙利用幼儿在园时间，开展幼儿游戏；精心设计、选择游戏材料，为幼儿提供数量充足、类型多样、结构丰富的游戏材料，并做好游戏的摆放、调换、增补等工作。

（二）科学定位游戏中的师幼关系

幼儿是游戏的主体，教师在幼儿游戏中应成为引导者、支持者与合作者。幼儿在游戏中享有充分的自主权，可以依据兴趣与需要自主选择参与游戏的类型、游戏的方式、游戏的材料、游戏的同伴。教师在幼儿游戏中应成为观察者、引导者、支持者与合作者，并根据幼儿需要，选择时机适时介入，为幼儿游戏提供适时、适当、适度的引导与帮助。

（三）提供有效的游戏指导

教师应把握幼儿游戏的3个时段，提供科学有效的指导。第一，做好游戏前的准备工作，了解幼儿已有知识经验与能力水平，为其创设适应性的游戏时间、场地及材料。第二，做好游戏过程中的观察与指导工作，及时观察幼儿游戏表现，合理分析幼儿在游戏"现场"的需求，以平行者、合作者等身份自然介入游戏，引导幼儿游戏。第三，做好游戏后的评价总结工作，为幼儿提供游戏后的相互交流与自评机会，使幼儿在自我反思与同伴经验中获得自我提升。

四、游戏活动的教学方案设计

（一）游戏活动目标的制定

游戏活动的目标是游戏的出发点和归宿，科学制定游戏目标，有助于幼儿在游戏中获得真正发展。目标制定要做到：第一，目标表述应清晰具体、准确简练、易操作。第二，目标应关注幼儿情感态度、认知与能力三个维度，体现全面性。第三，目标应适合幼儿的年龄阶段要求及幼儿的现实需要与兴趣。

（二）游戏活动准备

为幼儿游戏活动提供充分的活动准备，做好时间、空间、材料及幼儿游戏经验的规划与准备。

（三）游戏活动的过程

有计划、有目的、有组织地设计游戏的全过程，制定游戏规则、设计游戏的形式，将集体、小组与个人等游戏形式有机结合，并对游戏效果进行科学分析与反思。

案例

小班游戏活动 "玩圈圈"

乌兰浩特市民族幼儿园　乔高娃

设计意图：为幼儿提供有趣的生活活动情景及玩教具，让幼儿在欢快的游戏中掌握基本的技能，是我们寓教于乐的基本原则。为此，我选择了这一常见又好玩的圈圈和孩子们一起玩耍游戏，在玩中学会并锻炼了基本的技能。

活动重点：练习跳、钻的动作。

活动难点：创造圈圈的不同玩法。

活动目标：

1. 体验玩圈圈活动的乐趣。
2. 探索玩圈圈的方法。
3. 练习跳圈、钻圈的动作。

活动准备：体能环每人一个

活动过程：

1. 情境导入

小朋友，我们一起去郊游好不好？（在郊游过程中让幼儿通过学习各种小动物的飞、跳、走等动作做好活动前的准备）。

2. 展开

（1）幼儿每人一个体能环，自由探索玩法。

①幼儿自由玩圈，教师观察并随时提醒幼儿注意安全。

②请个别幼儿展示自己的玩法（例如，滚圈、套圈、转圈、跳圈等），其他幼儿一起模仿。

指导语：你是怎样玩圈圈的？

（2）学习钻圈圈，锻炼幼儿钻的基本技能。

①幼儿探索钻圈圈游戏，教师鼓励幼儿大胆创造玩法。

指导语：我想和小朋友们一起玩钻圈圈的游戏，请你们想想我们可以怎样玩？

②幼儿展示钻圈圈的各种玩法，练习钻的技能。（例如，从头到脚套圈、教师扶圈幼儿依次钻过等）。

（3）学习跳圈，锻炼幼儿跳的基本技能。

①幼儿探索跳圈游戏，教师随时鼓励幼儿大胆创造。

指导语：和小朋友一起玩钻圈圈的游戏，我非常高兴，我还想和小朋友一起玩跳圈圈的游戏，谁来想想可以怎么玩？

②幼儿展示跳圈圈游戏。(例如,以圆圈为中心跳进跳出、圈摆成一列幼儿依次跳过、拼搭各种图形跳圈等)。

3. 结束

与小朋友一起听音乐跳圈舞进行放松练习。

指导语:小朋友们,让我们跟着音乐来跳个圈圈舞放松一下吧!

小班幼儿的基本活动能力比较差,动作不够平稳、灵活和协调。而单纯让他们跑跑、跳跳对幼儿来说没有太大的兴趣,也得不到更好的发展。

课后反思:

在整个活动中,有些小班的孩子虽然不会转圈,但他们非常喜欢跟圈做游戏。所以在本次活动中,我以玩圈为主线,根据小班孩子的年龄特点,先让孩子自由探索,再集体练习。在玩的过程中不断发现圈的多种玩法,孩子们互相学习、分享,大大提高了孩子玩圈的兴趣!教师适时引导孩子进行钻、跳的集体游戏,让幼儿在愉快、合作的氛围中,既愉悦了身心又使幼儿的动作技能得到了一定的发展。通过观察,我觉得我班幼儿对玩圈很感兴趣,孩子们通过一物多玩,培养幼儿的创造力和探索精神,发展幼儿身体的协调能力以及合作精神,也能够体验到游戏和自由创造的乐趣,玩得非常好。通过这节活动也锻炼了孩子的钻、跳、平衡的能力。

小班活动"碰一碰"

乌兰浩特市都林民族幼儿园　丛洪亮

活动目标:

1. 学习听指令并做出反应,随着音乐有节奏地游戏。
2. 通过游戏,学习与同伴交往的技巧。
3. 喜欢参与音乐活动,初步体验合作游戏的快乐。

活动重点:学习听指令并做出反应,随着音乐有节奏地游戏。

活动难点:喜欢参与音乐活动,初步体验合作游戏的快乐。

活动准备:小动物手偶

活动过程:

1. 游戏导入,吸引幼儿的兴趣

今天老师要跟你们玩一个非常好玩的游戏,老师来问,你们来回答好不好?(问答游戏,幼儿有游戏的经验。)

师:小手小手在哪里? 幼:小手小手在这里(拍三下)

师:小脚小脚在哪里? 幼:小脚小脚在这里(跺三下)

依次类推让幼儿熟悉身体的一些部位。

2. 利用手偶故事,迁移歌词内容

师:我们班今天来了一位小客人,它今天可高兴啦,瞧,今天的天气很好,它要去郊游,我们来看看它都碰到了谁?

(1) 手偶表演。(问好时鼻子碰鼻子)

(2) 提问:它碰到哪些好朋友?它是怎么和好朋友打招呼的?那我们也用鼻子碰鼻子

的方法和朋友打个招呼吧？（请幼儿与邻座的同伴试一试）

3. 音乐游戏"碰一碰"，初步学习合作游戏

（1）教师示范，引导幼儿熟悉游戏玩法。

师：小朋友真棒！现在，老师这里有一首好听的音乐，我也要听着音乐用鼻子碰鼻子的方法去找我的好朋友了！

提问：刚才老师找的好朋友是谁？我是怎么去找朋友的？我和好朋友表演了什么动作？我们是什么时候碰鼻子的呢？

（①问一问"碰哪里？跟随老师站起来做一做。"②听指令做动作，××碰××时要轻轻碰。）

师：小朋友表演得真棒！请小朋友听音乐伴奏，大家一起玩"碰一碰"的游戏。

（2）幼儿与同伴一起游戏，教师用手势给予帮助。（第二遍前稍微交代规则"碰哪里"，可在游戏中停顿提示。）

（①幼儿要会说"碰哪里"，可用"动脑筋"的动作辅助。②××碰××时，教师手势：指鼻子。）

5. 探索用身体的不同部位进行游戏，学习听指令

（1）师：刚才我们和好朋友鼻子碰鼻子，请小朋友动脑筋想一想，我们的身体还有哪些地方可以跟好朋友碰一碰呢？

（2）幼儿边唱歌边游戏，强调游戏规则。

师：小朋友想出了这么多的动作，现在我们再来玩一玩"碰一碰"的游戏。

（规则：找朋友时要跟着音乐有节奏地走，到第二个"碰一碰"时找到朋友，问"碰哪里"，要听到老师的指令做动作。）

（3）小结：我们的鼻子、膝盖、肩膀、屁股都可以碰一碰。但是要轻轻地碰，小心别弄疼了自己，也不要把好朋友弄疼了。

5. 结束活动，继续体验与同伴共同活动的快乐

师：小朋友玩得真开心！我们身上还有好多地方可以碰一碰呢，回到家里可以和爸爸、妈妈一起玩一玩！现在和你的好朋友抱一抱吧！

案例　　　　　　　　　　**中班游戏活动"搭小桥"**

乌兰浩特市民族幼儿园　　阿荣琪琪格

活动目标：

1. 能在各种材料建构成的障碍物上行走，练习手眼协调和平衡能力。

2. 尝试各种练习平衡的方法，培养创新意识。

活动准备：

单元砖、单元桥、轮胎、自制梅花桩、礼物纸盒、沙包、矿泉水瓶、音乐磁带、录音机。

活动过程：

1. 导入部分

（1）准备活动

听音乐做"动物操",活动腰部、手部、腿部、脚腕部,同时激发幼儿的活动兴趣。

(2) 小熊去做客

师:小熊要去小动物家做客,可是一条河挡住了去路,小熊不能过河去看朋友了。请小朋友帮助小熊想个办法,怎样可以顺利到达河的对面呢?

2. 游戏活动

(1) 搭"桥"

幼儿分组分别尝试用单元砖、单元桥、轮胎、梅花桩搭"桥"。

①让幼儿利用已有的材料建构不同的"桥"。在幼儿搭"桥"时要求幼儿搭的"桥"不能断开,"桥"与"桥"之间必须连接上并且要稳固,让幼儿分别上"桥"试着走一走。

②让幼儿讲一讲每座桥的不同之处,请几名幼儿示范走的方法,说一说自己是怎么又快又稳地走过"桥"的。

提问:"怎样利用这些不同材料搭桥?""怎样将礼物一起带过河?"

③幼儿自由练习,体验在不同障碍物上行走。

(2) 送礼物

①小朋友给小熊搭好了"桥",小熊为了感谢你们,邀请小朋友一起到好朋友家做客。小朋友准备了一些礼物也一起运过"河"去。

②引导幼儿用各种方法把礼物(纸盒、沙包、矿泉水瓶)运到"河的对岸",鼓励幼儿尝试用自己身体的各个部位运礼物。

3. 结束部分

(1) 鼓励动脑筋想办法的小朋友。

(2) 坐在地上或躺在地上做放松活动。

(3) 鼓励幼儿同老师一起收拾材料。

案例 大班游戏活动"搭山洞"

乌兰浩特市民族幼儿园 陈艳

设计意图:"搭洞"幼儿平时也经常会做,所以幼儿会觉得很容易。此活动还有助于拓展幼儿的经验和视野。也许,平时搭的"洞"就这么几种,可是通过这次活动了解到还有很多种方法搭"洞"。

活动重点: 尝试用不同部位搭山洞。

活动难点: 尝试多人搭山洞的不同方法。

活动目标:

1. 尝试结伴进行"搭山洞""过山洞"的活动,发展创造力。
2. 发展基本动作,提高肌肉的耐力和机体的协调性。
3. 在活动中体验成功和合作活动的乐趣。

活动准备:

音乐、录音机、奥运模仿操、体能环、拱形门各6个。

活动过程:

1. 开始部分

幼儿面对老师四散站立，随音乐做奥运模仿操：跑步—打乒乓—掷标枪—射箭—游泳—划船—跳高等。

2. 基本部分

（1）幼儿尝试用身体的不同部位"搭山洞"。

师：以前，我们玩过"钻山洞"的游戏，今天，我们来用自己的身体搭山洞，想一想、试一试，用身体能搭出怎样的山洞呢？幼儿自由探索，老师观察、指导，提醒幼儿注意安全。

（2）组织幼儿讨论一个人、双人搭山洞的方法，并选出有锻炼价值、安全性较高的方法进行集体练习。

（3）多人搭山洞。

师：刚才我们搭了许多有趣的单人和双人山洞，那么，除了单人、双人可以搭山洞外，3个人、4个人……，许多人在一起能不能搭出更有趣的山洞呢？幼儿尝试搭多人山洞，老师观察并加以指导。

（4）幼儿尝试多种过山洞的方法。教师启发幼儿探索多种过山洞的方法。（正面钻、侧身钻外，还用了匍匐前行、四肢贴地前行；双脚蹬地后移等方法。）

（5）游戏：小侦察员。方法：幼儿分六路纵队，站在起点线后，听信号，以鱼贯的方式钻爬过前面高低、大小不一的山洞。（山洞有三种：a. 每组推选两名幼儿搭成的山洞；b. 拱形门；c. 体能环。），以不碰倒山洞、先钻过的一方为胜。游戏次数根据幼儿兴趣和活动量而定，每次游戏重新推选搭山洞的幼儿。

3. 结束部分

师生在音乐游戏中相互捶捶背、敲敲腿，进行放松活动。

课后反思：

在选课、设计课的时候，应注意每个年龄段的需求，要让幼儿觉得有一定的挑战性。如果一堂没有挑战性的课，幼儿会容易厌倦，而且会沾沾自喜。活动中应该给他们一点难度。如在搭洞的小朋友必须保持姿势不动，看看谁搭的洞洞最大，谁的洞洞和别人不一样，谁能用一个手和一只脚来搭洞。钻洞的人必须不碰到洞，碰到就算失败，看看哪一组能最成功地完成。做得比较好的，可以让他们做示范，避免有些幼儿一直重复一个动作。

第三节　区域活动设计

一、区域活动的内涵

区域活动，又称活动区活动、区角活动等。是教师根据幼儿的兴趣、需要及发展水平等特点，结合幼儿园教育教学目标及正在进行的其他教育活动等因素，有目的、有计划地创设活动环境，投放适宜的活动材料，让幼儿在宽松和谐的环境中，按照自己的能力和意愿，自由选择区域内容和伙伴进行自主操作探索的一种活动形式。

幼儿通过与活动材料、同伴等的积极互动，体验快乐、自信与成功。区域活动是幼儿的一种重要的自主活动形式。更是以快乐和满足为目的，以操作、摆弄为途径的自主性学习探索活动，有利于实现"玩中学""做中学"。

区域活动让幼儿以个别或小组的方式，与环境及同伴互动，能够充分满足幼儿个体发展的需要，对集体教育是一种有益补充，也利于落实《纲要》中指出的"幼儿园教育应为幼儿提供自由活动的机会，支持幼儿自主地选择、计划的活动"和"为每个幼儿提供表现自己长处和获得成功的计划，增强其自尊心和自信心"。

二、区域活动的特点

（一）自由、自主性

区域活动通常由幼儿自主选择活动区域、活动材料或同伴，甚至在活动中的语言运用、动作展示、活动持续时间、活动节奏、活动顺序、活动区规则制定等具体活动过程的各个环节也均由幼儿自主选择，或与同伴协商决定。因此，区域活动充分尊重幼儿主人翁地位，发挥幼儿活动的主体性，在轻松愉悦、自主自愿的状态下操作、摆弄、探索、游戏。

（二）个性化

区域活动的多样化及丰富化的物质环境、宽松民主的活动氛围、灵活多样的活动形式，为不同发展水平、不同兴趣与需要的幼儿提供了个性化的选择空间，幼儿可以根据自身的兴趣需要选择适宜性的活动区域，能按照自己的方式去操作、探索，避免了集体教育活动中容易出现的"大一统"现象。区域活动更为重视幼儿的个体差异性，充分考虑幼儿在认知、能力与情感态度等方面体现的不同层次与水平，使幼儿在区域活动中以自身发展现状为基础，循序渐进地促进幼儿发展。

（三）隐性指导

多数情况下，教师在区域活动中扮演隐性指导者、旁观者与观察者角色，活动前，提供有准备的区域环境，活动中观察幼儿活动状态，活动结束后适时交流。教师要善于观察每一位幼儿的发展，提供适合、适时、适度的帮助和引导。如在小班娃娃家区域中，一名幼儿扮演妈妈，显得"无所事事"，不知道该做些什么时，教师适时以游戏者角色融入活动，教师问："你好，请问你想给宝宝买饼干吗？"边说边拿出五颜六色的"饼干"，幼儿马上兴高采烈地抱着"宝宝"买起了饼干，买完饼干还从"饮水机"接了一杯水，准备冲调"奶粉"……

三、区域活动的设计

（一）活动区域规划与种类选择

1. 科学设置活动区域的类别

活动区域的种类按照区域活动的功能可分为四类，即表现性区域（如表演区、美工区）、探索性区域（如益智区、建构区）、欣赏性区域（主要展示幼儿作品或提供开阔幼儿视野的作品）、运动性区域（主要发展幼儿的基本动作，增强身体协调性与敏捷性）；按照区域活动的性质可分为三类，即常规区（如娃娃家、阅读区、益智区、美工区、建构区）、主题区（将主题活动的内容迁移到区域中，让幼儿在区域中继续探究）、特色区（区别于其他幼儿园或其他班级的园本或带有本班特色的区域）；按照五大领域，可分为运动健康区、社会交往区、探索发现区、阅读表达区、欣赏创作区，并可在五项区域中再继续细化。

活动区域种类繁多，教师应结合幼儿兴趣和需要、阶段性培养目标、班级空间大小等因素，科学设置活动区域的种类。如小班幼儿对娃娃家更为感兴趣、大班幼儿则可能会对益智区活动更为喜欢。再如，小班幼儿小肌肉群发展不够成熟，可适时创设操作性较强的区域，将串珠、撕纸、粘贴材料等投入操作区。

2. 动态分割活动区域的空间

活动区空间的划分，要根据活动室的面积、幼儿人数、区角特点等因素进行。活动室空间较大，则活动区数量可适当多设。反之，则适当减少。设置的数量通常应满足班内全体幼儿的选择需要。让全体幼儿在同一时间内均能进入不同活动区域活动。而每个区域的具体面积则需要考虑区域所承载的活动目标来设定，并在实践中适当调整。如可根据幼儿兴趣、一次进区的数量、活动频率、交互频率与幅度等综合考虑。建议活动区域数量为3~6处，以确保教育目标的落实。

3. 合理处置活动区域间的关系

各个活动区间既是界限分明的，又有可能具有相容性甚至是转换性。第一，各个活动区之间应划分清楚各自界限，以利于幼儿在区域内活动，要注意设计活动区进出通道及区域间的"围栏"，做到美观、实用、有效。第二，将活动区性质类似的安排在一起，将同样需要"静"的区域（如阅读区与益智区）或同样需要"动"的区域（快乐小厨房与爱心医院）安排在一起。

（二）活动材料的选择与投放

区域活动的开展离不开材料，为幼儿提供何种材料、何时投放材料、以何种方式投放材料、投放的先后顺序、材料在该区域内应用时长等关系到幼儿区域活动的成效。应做到：

（1）材料的选择应适合本班幼儿的年龄特点、发展水平与兴趣需要。

（2）材料的选择要保证安全、卫生。

（3）材料应蕴藏教育目标。

（4）材料应丰富生动，易于激发幼儿兴趣。

（5）材料应具有探索性，易于引发幼儿动手动脑。

（6）材料要有层次性，由浅入深、由易到难，并成系统性。

（7）材料投放应适时更换或补充。

此外，材料投放后的存放应体现分类存放、整洁、易于幼儿拿取、适合幼儿身高及审美等特点。

（三）区域活动方案的撰写

区域活动方案的撰写主要包括：区域活动名称（年龄班）、设计意图、活动目标、活动准备、重点指导区域、活动过程（开始环节、过程环节、结束环节）。

案例   **中班自选区域活动设计方案**

设计意图： 中二班的小朋友特别喜欢区域活动，我们班的区域活动环境和材料在不断创新与进步，幼儿的各种能力也在不断提高，主要表现在：有良好的操作习惯，有较强的交往能力，在游戏中自己解决问题的能力不断提高，对科学活动有较强的探索欲望。但也有一些不足之处，如语言区、音乐区幼儿参与率不高、幼儿活动内容单一。针对这些情况，本学期根据幼儿的年龄特点、兴趣爱好来设置区域环境和材料。

活动目标：

1. 鼓励幼儿大胆选择喜欢的游戏内容和材料，自主、愉快地游戏。

2. 在活动中发展幼儿的交往能力，提高幼儿自己发现问题、解决问题的能力。

3. 在角色游戏中提高角色意识。在科学活动中发展幼儿观察能力，大胆动手操作。

4. 发展幼儿口语表达力和对音乐表演的兴趣。

活动准备：

1. 同一首歌。

2. 电视台：废旧图书、图片、幼儿自制、广告牌、自制电视机、话筒。

3. 美工区：绘画工具、托盘、乒乓球、胶水、彩色纸、布置一个展示台。

4. 观察区：小锤子、钉子、泡沫、海绵、花生、弹性物体、小蜗牛、大蒜、葱、土豆植物、观察记录单。

5. 新闻发布区：小棍、"水电名城"剪报粘贴、话筒。

6. 娃娃快餐厅：环境布置、餐桌、餐具、厨师、服务员工作服、冷饮提供橡皮泥。

7. 积木区：各种积木、幼儿设计玩具城搭建示意图、各种玩具、花、树泡沫板、小印章。

活动过程：

1. 介绍今天的活动内容，提出活动要求

出示区域活动自评表让幼儿通过今天的活动评价自己的行为，并盖上自己的小印章。

2. 幼儿按意愿选择活动区，进行分区活动

（1）同一首歌，幼儿自选主持人，自己安排节目顺序。

（2）电视台：中文台小小故事会，天天饮食，请快餐厅厨师教做美食，配乐诗朗诵：《路》《我们的家》《梳子》《画房子》。

（3）美工区：制作乒乓球娃娃、托盘画。

（4）观察区：试试小锤子、认识弹性、给植物浇水、观察小蜗牛并做好相应的观察记录。

（5）新闻发布区：讲一些报刊资料，谈谈自己的想法。

（6）娃娃快餐厅：推出特价优惠周，外卖活动。

（7）积木区搭建玩具场。

3. 教师指导

（1）观察幼儿在活动中的表现，适时介入。

（2）鼓励幼儿在遇到问题时先想一想再试一试。

（3）重点观察指导：电视台和同一首歌。

（4）帮助个别游戏中有困难的幼儿，鼓励幼儿大胆交往。

4. 交流分享

今天，小印章特别忙，你们是不是学会了许多本领？不过，我还不知道你们学会了什么，讲给大家听听吧！

（1）幼儿展示自己的作品，增强自信心及成功感，并体验分享自己和别人的快乐。

（2）说说今天的新发现，怎么发现的、结果怎么样，鼓励幼儿下次自己去试一试。

（3）讲讲幼儿在活动中遇到的困难，是怎样解决的。

（4）教师小结今天幼儿游戏情况，收拾玩具材料。

> **案例**

大班益智区活动"有趣的图形"

乌兰浩特市民族幼儿园　董玉华

设计意图：光对于幼儿来讲，既熟悉又陌生，幼儿日常生活中见过手影、灯光、日光等，但又对其不甚了解。幼儿在户外活动踩影子、追影子等活动中，激发了对光的兴趣。

活动目标：

通过观察影子发现光的秘密。

活动准备：

镜子、手电筒、彩色玻璃纸、镂空图画若干。

操作方法：

让光线直射于镂空的图案，使幼儿发现光会透过镂空处，成像于较暗的地方，在镂空图案上覆盖彩色玻璃纸，所成的像就会有颜色。

基本层次：

1. 将图画正对自然光，使镂空的图画显现在较暗的平面上。
2. 用手电筒光使镂空的图画显现在较暗的平面上。
3. 用镜子反射太阳光，使镂空的图画显现在较暗的平面上。
4. 在手电筒或镜子上覆盖彩色玻璃纸，使镂空的图画显现在较暗的平面上。

初始评价：

1. 能借助自然光观察影子。
2. 能借助玻璃纸，发现影子中色彩的变化。
3. 能借助手电筒或镜子，发现距离与影子的关系。

活动延伸：

1. 此游戏在阳光充足时可在户外进行，阴雨天可在室内进行。
2. 可用两张相关的镂空图案，将其移动或交叉，讲故事。
3. 可以借助光的直射做手影游戏。

四、区域活动的指导策略

在幼儿进行区域活动时，教师要细心观察幼儿的具体行为表现，根据幼儿年龄特点、区域功能特点及个体差异性等因素，开展针对性的指导。指导过程应主要采用隐性指导者身份，以伙伴身份或游戏中的角色身份平行或直接介入活动，进行有效引导和启发。注意应用以下指导策略：

（一）制定并遵守区域活动规则

区域活动规则的制定和遵守，是区域活动能否顺利开展的必要保障。可根据幼儿的年龄特点进行师幼共建区域活动规则，并引导幼儿通过模仿、游戏等方式掌握区域规则。此外，根据幼儿心理发展特点，也可以通过图标图示、进区卡等物化方式帮助幼儿主动遵守规则。

（二）利用材料指导区域活动

材料是活动目标的物化形式，通过提供适宜的材料引导幼儿有效开展活动，如"串吧"游戏区中，师幼共同搜集、制作丰富的材料，如蔬菜串、鸡腿串、蘑菇串等，让幼儿通过整理货品、货品上架等操作认识物品，并进行分类活动、点数活动、对应活动、按规律排序等。还可以为货品贴上价格签,并在区域中适时投放儿童钱币,引导幼儿开展购买活动,在活动中认识钱币,感知理解钱币的用途,并在游戏中自然开展 10 以内数的加减运算,培养合作、交往、沟通等能力。

(三) 通过同伴指导区域活动

好模仿是幼儿心理特点之一,在区域活动中,幼儿会相互模仿、互相学习,从而使活动富有生机。同时,幼儿间还会体现以强带弱效应,如在拼图活动中,认知和动作技能较强的幼儿往往会成为拼图能力较弱幼儿的隐性"榜样",幼儿会自然而然地学习模仿。因此,教师应利用幼儿间好模仿的特点,引导幼儿分工协作,自然无痕地实现以强带弱,同伴互助。

(四) 通过角色转换指导区域活动

在区域活动中,教师既是观察者,同时也应根据实际需要成为参与者。当幼儿遇到困惑无法自解时,教师应对活动进行及时指导,通常应以玩伴的身份参与活动,发挥隐性指导作用。教师参与幼儿活动有两种常见方式:

1. 平行介入方式

教师以活动者身份融入区域,平等地在区域中操作或摆弄材料,不直接与幼儿产生互动活动。但是,由于与幼儿在同一区域,教师容易成为幼儿的模仿对象,从而隐性地引导幼儿的具体活动。这种平行介入的方式比较适合阅读区、建构区及美工区。如在阅读区,教师观察到小班幼儿还没有掌握阅读的方法与顺序,教师拿了一本图书坐在该区域,一边翻书,一边说:"我的身体坐得正正的""我先看看封面上有什么""我要一页一页慢慢翻"等,就这样,旁边的小朋友看了看,也学着教师的样子细致地翻起了手里的图书。

2. 交叉介入方式

教师以活动者身份参与活动,与幼儿一同游戏,并在共同活动中了解幼儿游戏的开展情况,适时引导幼儿。如小班"爱心医院"区域中,有 3 名幼儿参与活动,但都在扮演医生和护士,他们摆弄着材料,不一会儿就显得无所事事。而临近区域的娃娃家里,有两名幼儿都抱着自己的"宝宝",简单重复着摇晃"宝宝"的活动。教师先来到了娃娃家门口,开始敲门。"你好,我是宝宝的奶奶,来看宝宝了",进入区域中与"妈妈"聊起来,"宝宝真可爱,可是她看起来脸红红的",边说边用手轻轻触摸"宝宝"额头,"咦,怎么好像有点烫呢,是生病了吗?""妈妈"马上查看"宝宝","不如我们开车去医院请医生瞧一瞧吧",就这样,教师以游戏者身份进入游戏活动,并让娃娃家里的幼儿与爱心医院里的幼儿开始了互动。

(五) 通过问题讨论指导区域活动

区域活动尽管是幼儿自主性活动,但在活动前进行讨论,可帮助幼儿明确活动的目的性;活动中组织讨论,可以使困难与纠纷得以解决;活动后进行讨论,有利于分享经验、展示成果,获取同伴经验资源。

第四节 单元主题活动设计

一、单元主题活动的内涵

主题教学活动在我国最早可追溯到陈鹤琴的单元教学。所谓单元主题活动,就是在一段时间内，围绕一个具有内在脉络和价值关联的中心内容（主题）组织教育教学活动。它打破了学科之间的界限，将各领域的内容围绕一个中心有机连接起来，让幼儿通过某一单元的系列活动，获得与中心有关的较为完整的经验。

单元主题活动强调，幼儿生活中的世界是以具体的"自然事件"为本位的，而非抽象出来的"学科知识"为本位。幼儿所接触的事物，通常自然地包含着多个学科领域，他们需要的是对事物有一个较为完整、较为全面、较为生活化的认识，而不是虽然精深，但却相互割裂的认识。

二、单元主题活动的特点

（一）内容的系统性与整合性

学科教学人为地分割课程结构，划分过细。单元主题活动与学科教学活动相比更具有系统性。单元主题教学活动是以一个话题为中心，并将其贯穿活动始终，主题内的各个活动形成有机联系。打破了原有学科之间的界限，采用整合的方式，使得教学内容的各要素之间形成一个有机的知识网。从而使幼儿获得有关事物的整体经验。

（二）教育资源一体化

单元主题活动将幼儿园内外各种与该主题相关的教育资源有机整合，形成幼儿园、家庭及社区资源一体化，充分挖掘幼儿园内外丰富的教育资源，运用在主题活动中。如主题"大自然的语言"中的活动"风中的树"，充分利用家庭与社区资源，请幼儿与家长一起观察公园、路边等处风中树的形态，并与家长共同查询关于风的资料，拓展经验。

（三）主题计划的灵活性

主题活动的计划并非一成不变，在执行过程中可以根据实际情况灵活调整。如在主题活动"影子变形记"中，教师最初设计是要利用手影让幼儿感受、体验影子变化的特点，但由于在活动开始后幼儿不仅对手影变化感兴趣，几名幼儿还提到了在户外活动时小朋友的影子也可以变化，于是，教师设计了到户外探索影子变形的活动。

三、单元主题活动的设计

单元主题活动的设计主要包括主题的来源、主题的确立、目标的确立、内容的预设、主题网络架构、区域的创设及具体活动方案的设计等要素。

（一）主题来源的选择

主题的来源广泛，应从幼儿的兴趣与需要出发，与幼儿已有经验与能力相适应，贴近幼儿实际经验。主题的来源包括：

(1) 从幼儿关注的话题中寻找主题，如主题"我爱旅行"。
(2) 从幼儿自身的生活事件和关注的事件中寻找主题，如主题"奥运畅想"。
(3) 从幼儿感兴趣的文学和艺术作品中寻找主题，如主题"我喜爱的动画片"。
(4) 从幼儿关注的人物角色中寻找主题，如主题"亲亲一家人"。
(5) 围绕节日、纪念日、时令等寻找主题，如主题"中秋月圆"。
(6) 利用环境寻找主题，如主题"我爱家乡"。

（二）主题的确立

在主题源确定的基础上，要进一步确定主题并命名。确立时要注意：第一，主题是否符合幼儿的兴趣与需要。第二，主题的教育价值如何，可实现何种教育目标。第三，主题蕴藏哪些教育内容，幼儿通过学习可获得何种教育经验。第四，该主题与其他主题的关联度如何。第五，主题的可行性问题，所需材料与环境是否容易获得等。

案例 　　　　　　　　**主题教学活动方案的设计结构**

主题名称：
主题设计思路或设计意图：
主题目标：
主题准备：
主题网络：
实施途径：
主题系列活动：（逐一设计每个活动的具体方案：包括活动名称、目标、准备、过程等。）

（三）主题目标的定位

主题教学活动目标通常由两个层次构成，即主题教学活动总目标和具体教学活动目标。在制定时要注意：第一，注重方向性，即按照"幼儿园总目标—年龄阶段目标—主题教学活动目标—具体教学活动目标"的方向层层落实，下级目标应与上级目标相吻合；第二，注重全面性，即目标应包含情感态度、认知与能力三个维度；第三，注重适应性，即目标的制定要适应幼儿发展的现有水平和发展需要，同时要兼顾不同幼儿的发展水平，尊重幼儿个体差异。

案例 　　　　　　　　**中班主题活动"妈妈的怀抱"**

（节选自乌兰浩特市第一幼儿园马晓影老师的教案）

活动目标：
1. 学习故事中的角色对话，并与同伴一起表演故事。
2. 感受母子互相拥抱时的亲密，体验孩子渴望妈妈怀抱的情感。

（四）主题网络的架构

主题教学活动网络是对主题的有意识规划，它是由许多与主题相关的子主题或下位概念编织而成的网络。可采用两种方式编织主题网络，即依靠领域编织内聚式主题网络，将幼儿园五大领域活动有机组合，形成相互联系、相互补充的知识结构网；依靠幼儿兴趣编织外展式主题网络，从主题的核心概念开始对主题进行层层分解，从主概念到次概念。

（五）相关区域的创设

主题教学活动的开展需要区域提供支持，教师应充分发挥区域在主题活动中的作用，并根据实际需要通过在区域中完成主题活动、在活动区扩展主题或在活动区补充主题等方式实现主题教学活动目标。

案例 "大自然的语言"主题活动中的区域创设之自然角

(节选自乌兰浩特市第一幼儿园许珍老师的教案)

区域目标:
愿意欣赏盆栽植物,感受植物的美;喜欢观察植物,并能记录植物的生长变化;对比发现植物与阳光之间的关系。

区域材料:
各种盆栽植物、记录笔、记录单等。

指导要点:
引导幼儿主动观察植物,并记录植物的生长变化;鼓励幼儿用不同方式记录。(粘贴、绘画、数字等)

(六)具体活动方案的设计

具体活动是主题活动的有机组成部分,其方案的制定是保证主题教学活动有效开展的关键。在制定具体活动方案时应考虑活动目标与主题活动总目标保持一致,将多领域内容有机整合,从而实现具体活动目标与主题总目标。

案例 大班语言活动"风来过了"

(节选自乌兰浩特市第一幼儿园许珍老师的教案)

活动目标:
1. 初步了解风,体验与风游戏的乐趣。
2. 运用绘画的方式表达对风的认识。

活动准备:
活动前让幼儿了解风的知识;绘画材料。

活动过程:
1. 找风:带领幼儿摸摸,抓抓,体会风是看不见的、摸不着的。
2. 带幼儿去户外寻找风,看看哪些物体被风吹动了,哪些没有。有风时,自己是怎么知道的?
3. 欣赏诗歌《风来过了》,知道风虽然看不见、摸不着,但我们可以从其他事物的变化上发现风的存在。
4. 忆风:回忆风对物体的影响,如行人的帽子吹落,树叶飘落下来,等等。
5. 画风:幼儿绘画。

四、单元主题活动的指导

(一)尊重幼儿兴趣与需要

从主题的选择与确立、主题目标的制定到主题具体活动方案的制定均应考虑幼儿兴趣与需要,了解幼儿发展现状与需要,激发幼儿参与活动的兴趣并鼓励幼儿主动发现问题、提出问题、解决问题,使幼儿在主题活动中获得发展。

（二）提供支持性环境

为幼儿创设适合主题的学习环境，提供与主题有关的丰富有趣的操作材料及环境布置，创设轻松愉悦、民主和谐的活动氛围，使幼儿在支持性的学习环境中获得丰富的情感体验，并在认知与能力上得到提升。

（三）注重观察幼儿及活动

教师应注重观察、倾听幼儿，了解幼儿的兴趣、想法及遇到的问题，把握介入的最佳时机，引导幼儿进行观察、探究、讨论。此外，教师应做好观察记录，及时发现幼儿在主题活动中的表现、发展水平及存在问题，从而为下一步主题活动的开展提供科学依据和方向。

（四）重视启发与引导

在观察基础上，教师应将启发引导贯穿在活动中，适时、适度地提供帮助。注意发挥幼儿主体地位，通过启发性问题引导幼儿进一步探究。

第五节　综合课程活动设计

一、综合课程的内涵

综合课程是指根据幼儿身心发展需要，顺应各种教育要素之间相互联系、相互作用的客观规律，从综合性入手，合理地选择教育内容、教育手段和方法，科学地组织教育过程而建构的一种课程模式。集中表现在教育内容、教育手段和教育过程三个方面的综合，以及主题活动、一日活动和个别活动三个层次的综合。其课程特性主要表现为：

第一，整体性。即整体地思考教育目标、教育内容、教育方法和手段之间的联系和相互作用，使幼儿园教育更好地发挥整体功能。

第二，联系性。重视幼儿园教育各领域之间、各教育要素之间的有机联系及幼儿园、家庭和社会之间的密切联系，以充分发挥各种教育因素的整合功能。

第三，集中性。一个阶段相对集中开展某方面的活动。

二、综合课程的优点与不足

（一）综合课程的优点

1. 综合课程是有关联的课程，重视各领域之间的有机联系，教学内容既可以以某一学科知识为线索，又可以渗透其他学科的知识，为幼儿建构不割裂的知识系统。

2. 综合课程由幼儿一起参与设计，并能符合幼儿的兴趣和需要，能促进幼儿主动学习。

3. 综合课程关注幼儿的整体性发展，使幼儿认知、情感和身体各个方面的发展相互支持、相互增强，从而在综合性的活动中积累活动经验和知识。

（二）综合课程的不足

1. 综合课程单一化，综合课程在设计时容易流于形式，着重从学科角度思考主题，将各个学科简单拼接。

2. 综合课程过于泛化，表现为非综合课程也冠以综合课程之名。

三、综合课程模式的教育活动设计

综合课程可分为：由各学科综合而成的学科（领域）的综合、以幼儿发展的各个方面的活动综合而成的发展方面的综合、通过专题的综合、通过幼儿园环境的综合以及通过主题的综合。其中,通过主题的综合而形成的综合性课程最为常见。

(一)综合课程模式教育活动设计的基本要求

(1) 教育活动应充分考虑幼儿的个体差异性,应包含多种类型、多种水平、多种层次的教育活动,以满足不同需要的幼儿。允许幼儿自主选择与主动生成,允许幼儿以不同方式主动学习探究。

(2) 教育活动应面向全体,与群体幼儿的发展水平相适应。教师在关注幼儿个体差异性的同时,要把握幼儿一般性特点和教育目标价值,使幼儿能在与其他幼儿一起学习的过程中通过合作、分享、商量、讨论、妥协等相互作用方式得到发展。

(3) 教育活动应将各领域有机结合。在综合课程教育活动的设计中,教师应注重将不同领域的内容、不同的学习方式有机融合,将各领域内容相互渗透,并使其成为一个相互关联的完整体系。一方面,将领域内容以一定的主题活动的方式加以整合,使其在一个或若干个教育活动中相互渗透补充;另一方面,将教育活动形式相互渗透整合,将集体教育活动形式与个别教育活动形式相互结合、将不同的学习形式与方法相互组合,使幼儿在操作、讨论、实验、游戏、体验、创造、模仿等各种学习形式中获得学习经验。

(二)综合课程模式教育活动设计的基本方法

(1) 围绕中心课题设计主题活动。将零散的学习材料整理规划成统一有序的知识体系,促进幼儿的认知、情感、能力、个性、身体等方面的协调发展。

(2) 交叉开展主题活动。在一段时间内,确定一个重点,选定教育内容及活动,并构成几个主题交叉进行。

(3) 综合运用教育方式。围绕教育活动,综合运用游戏、正式教育活动、参观、体验等教育手段,达成综合课程目标。

(4) 灵活应用教学方法。在综合课程教学中应灵活运用操作、实验、讨论、发现、表达、创造、表演、游戏等多种方法,使幼儿在动口、动手、动脑中主动探究。

四、综合课程模式教育活动设计示例

以语言领域为中心设计的综合性教育活动示例。

小班综合活动"最奇妙的蛋"

兴安盟幼儿园　于雅凝

活动目标:
1. 能听懂故事,初步理解故事内容。
2. 能根据3只小母鸡不同的特征来进行大胆地想象,喜欢动手操作。
3. 感受猜测过程的快乐,激发幼儿的思维能力。

活动重点:
根据故事情节大胆猜测、感受想象的乐趣。

活动难点:
能用教师准备的材料来表达自己的想法。

活动准备:

《最奇妙的蛋》PPT、鸡蛋、超轻黏土、油画棒。

活动过程：

1. 导入

教师提问：小朋友们你们觉得我是好看还是难看？你们看我哪里好看？

你看你们眼里的漂亮各有不同，今天我们说的故事就是与漂亮有关哦，让我们一起来听一听。

2. 基本部分

活动一：猜故事角色

(1) 听声音，猜角色。

①听一听，这样的声音你熟悉吗？是谁的啊？今天来了几只母鸡呢？我们一起来看一看。

②看图片猜角色。

有3只母鸡，它们一只叫"圆圆"、一只叫"琪琪"、一只叫"毛毛"，猜猜谁是圆圆，谁是琪琪，谁是毛毛？并说出你们的理由。

教师公布答案：左边的是圆圆，中间的是琪琪，右边的是毛毛。

出示PPT2：圆圆有最漂亮的羽毛，琪琪有最漂亮的腿，毛毛有最漂亮的鸡冠。就这样，他们每天为了谁会是最美丽的事情吵个不停（PPT3）。

(2) 讨论。

师：小朋友们你们觉得谁最漂亮？为什么呢？

小结：看来你们每个人都有自己喜欢的，它们3只母鸡也各有各的漂亮，哎呀，看样子评不出结果了。

活动二：猜故事情节

欣赏故事：

①师：所以它们就去找国王了，国王会说什么呢？（PPT）一起告诉我国王说了什么？

哦，谁能生下最特别的蛋，就封谁为公主。

就这样，3只母鸡开始比赛下蛋。

过渡：那我们看看它们3个会生什么样的蛋？

②"圆圆在草地上坐了下来，它一点都不慌，用嘴梳了梳羽毛。只见草地上立了一只又圆又白的蛋，形状好看极了，像磨光的大理石一样闪闪发亮。"（PPT）

师：连国王都开始惊讶了！

③"接着该轮到琪琪了，大家都为它觉得有点难过，因为大家都觉得它再也生不出一个更漂亮的蛋。可是它一点也不紧张，只见过了一会儿，草地上竟然立着一只连鸵鸟都要嫉妒的蛋，因为它比鸵鸟蛋还要大！大家又惊讶了！"

教师提问：孩子们回忆一下，刚才圆圆和琪琪分别下了什么样的蛋呢？你们说奇妙吗？哪里很奇妙？

你看它们都有奇妙的地方，那接下来该轮到谁生蛋了？毛毛要生个怎么样的蛋才能超过它们俩呢？

活动三：创作想象

(1) 交代任务：可能每个人心里都有奇妙的想法，今天老师让你们来当小小艺术家，你要想一想毛毛要生一个怎样的蛋才能超过圆圆和琪琪呢？把你的想法用油画棒画出来，或者用黏土捏出来。

当音乐停止的时候把手里的东西放下，把你完成的作品送到前面来。

（教师手里拿普通鸡蛋）普通的蛋是这样的，你要做一个怎样奇妙的蛋呢？上面要有什么才能跟普通的蛋不一样呢？

（2）幼儿自由创作：现在我们开始操作吧。

好，音乐停了，请你把完成的作品交到前面来，然后回到你原来的位置。

（3）交流展示幼儿作品。

小朋友你们看，这里有这么多奇妙的蛋，无论是画出的来的还是捏出来的，每个小朋友的想法都很奇妙，小朋友们以后都要坚持奇妙的想法哦。你们以后就会成为有奇妙想法的伟大的人。

活动四：最不可思议的蛋

（1）那么毛毛到底会生一个怎样奇妙的蛋呢？让我们来看一看。

小结：哇！这真是很奇妙，它生了一个让人想都想不到，最不可思议的蛋！

师：孩子们来回忆一下，第一个蛋是谁生的？第二个蛋是谁生的？第三个蛋是谁生的？

现在要来评公主了，你们来说一说谁能当公主？我们投票来决定。

现在让我们来看看结果。

（2）讨论：你认为谁生的蛋最奇妙？为什么？

要知道，要从3个蛋中选出最奇妙的，那几乎是不可能的，因为国王认为它们各有各的奇妙，于是国王就让3只母鸡都当上公主了。从此，它们开始了幸福的生活，一起在世界上生着最奇妙的蛋。

3. 结束部分

小结：好，孩子们，今天的故事就到这儿了，只要你每天都多一点奇思妙想，你的生活就会变得很不一样哦。

延伸活动：回家把这个故事讲给爸爸妈妈，和爸爸妈妈一起做一个奇妙的蛋，看看爸爸妈妈会有怎样奇妙的想法呢？

案例　　　　　　　　**中班综合活动"转起来"**

兴安盟幼儿园　王孚彧

活动来源：户外活动拍球游戏时，几个孩子不去拍球，而是把球在地上转起来，其他孩子看见了，也模仿起来，还不时地说："我的转起来了，我的转起来了。"孩子们对转起来这么感兴趣，那么什么能转起来呢？转起来在我们生活中有什么意义呢？于是我设计了活动——转起来。

活动目标：
1. 愿意探索使各种物体转动的方法。
2. 关注生活中转动的现象，发现转动在生活中的运用。

活动重点：
第一次探索，使幼儿发现：一样东西有许多方法可以使它转起来。让东西转起来需要力。

活动难点：
第二次探索，请幼儿用两样东西合作，使其中的一样东西转起来。

活动材料：

筷子、绳子、勺子、风车、玩具、光盘、陀螺等生活中常见的物品。

活动过程：

1. 游戏引入，激发幼儿兴趣。

游戏：迷迷转（让幼儿亲身体验，理解"转动"的意思）

2. 第一次探索

（1）熟悉材料：有些东西看你们玩得那么开心，老师也想玩呢！看看是哪些东西？

（2）幼儿自选物品，自由尝试，寻找使物体转起来的方法。

"请你玩一玩，试一试，用你的方法使它转起来！"

（3）请幼儿演示，"你用什么方法使什么转起来了？"

（4）小结：根据幼儿的交流抓住重点，用字卡来总结幼儿的方法。（拧、拉、跑、推、吹等动词）

使幼儿发现：一样东西有许多方法可以使它转起来。让东西转起来需要力。

3. 第二次探索

（1）激发幼儿的探索欲望。

（2）幼儿自选材料进行操作。

要求：请幼儿用两样东西合作，使其中的一样东西转起来。

（3）请幼儿演示自己的成果。

"你用谁帮助了谁？让谁转起来了？"

4. 游戏：想得快，说得多

请幼儿说一说：生活中有哪些东西是转动的呢？

教师播放PPT。

小结：转动可以使我们的生活变得这么美好！让我们一起再去找一找生活中还有哪些东西能转起来！

音乐《大风车》结束。

活动反思：

此次活动孩子们十分感兴趣，教学目标达到。在活动中，我注重了让孩子自主地去探索。第一次探索的是单件物品，第二次探索的是两件物品，采用层层递进的方式，尽可能地让孩子多玩、多说、多做。鼓励孩子用自己的方式表达。第二次探索之后，从生活出发，在生活中发现问题，将其回归生活。这样才能在孩子幼小的心灵中播下探索、创造的种子。不足之处，由于受到时间的限制，孩子们探索的时间不够充分。教师为了尽快达到教学目标，在"请你说一说生活中有哪些东西是转起来的"一环节，让孩子思考的时间太少，孩子还没说完全、尽兴，教师就播放了幻灯片来展示，这些地方应改进。

案例　　　　**大班综合活动"小猪回家"**

兴安盟幼儿园　　韩　冰

设计意图：绘本故事一直是孩子们最喜欢的故事，图文并茂。但是，长时间的相同模式的教学，使幼儿在活动中，出现了倦怠感。绘本《小猪回家》中的内容有趣，场景鲜明，配合中国古典戏法中的"三仙归洞",让故事融入魔术中激发幼儿探索的兴趣,并且能想方设法记住"带魔法的咒语",故事在不知不觉中引入幼儿的脑海中。

活动目标:
1. 理解故事内容,会讲故事中有魔法的咒语、做有魔力的动作。
2. 感受魔术带来的神奇的乐趣。

活动准备: 魔术杯子每个幼儿三只,魔术小猪每个幼儿两只,魔术流程图。

活动过程:

1. 活动导入

兴趣导入,引出魔术。

师:小朋友们你们都见过魔术吗?它是怎么表演的?

师:今天老师也带来一个魔术,这个魔术等一会儿你看一下,你觉得神奇吗?什么地方很神奇?桌子上的道具是为谁准备的?(小朋友),那待会老师表演完了要谁来表演(小朋友)?所以从现在开始,请你仔细听、仔细看。说不定我的哪一句话就是有魔法的,说不定我的哪个动作就是有魔力的,所以不着急动桌上的东西,请仔细看哦!

2. 魔术展示

(1)教师展示魔术,引发幼儿兴趣。

师:魔术《小猪回家》。这是一只小猪,它在空地上建了三幢房子。有一天小猪出门去散步,它在草地上放风筝,在花园里晒太阳,在大树上看风景。时间到了,小猪要回家了,回到家门口才发现,啊哦,钥匙忘带了,于是小猪就嘀嘟嘀嘟爬上屋顶,神奇的事情发生了,小猪回家了。

(2)提问,回忆故事内容。

师:你觉得这个魔术哪里神奇?

师:我刚才都说了哪些话?(根据幼儿回答出示流程图,帮助幼儿回忆魔术过程。)

(3)幼儿尝试操作。

师:哦,把这些话都说完了,大概魔术就能变成了,我们都需要什么?(三个杯子,一只小猪。)

师:一会儿,魔术表演的时间是一分钟,等老师说时间到的时候,无论你的魔术有没有完成,都请你放好手中的道具,行吗?遵守规则的有奖励,违反规则的有惩罚。开始。

师:你觉得魔术没有成功的原因是什么?

小结:说不定我说的每一句话,每一个字都是有魔法的最好一句都别落下,说不定落下哪一句魔术就成不了了。

(4)教师再次操作,引出有魔力的动作。

师:老师再表演一次,究竟还有哪些话、哪些动作是至关重要的?请仔细看哦。这是我变得最后一次了,仔细瞧!(再次表演魔术)

师:老师说的和你说的有什么不同?(再次补充流程图)除了话以外,我还做了哪些动作?

师:动作也是很重要的,说不定这些动作也会帮助小猪回家,要不要再试一试?

(5)幼儿再次尝试魔术。

(6)魔术停止,找寻未成功原因。

师：好，你的故事讲完整了吗？动作都做了吗？那你一定成功了，小猪回家了。没成功？没关系，谁来试一下？

（7）个别幼儿操作，其他幼儿找寻未成功原因。

3. 教师解密，魔术神奇在哪？

（1）师：其实你离成功已经很近了，只要我告诉你一个秘密，大概就能成功了。想知道吗？

（2）出示示意图，引发幼儿思考。

师：到底有几只小猪啊？（两只）那老师在变魔术的时候另一只小猪在哪里？

（3）教师与幼儿尝试再次变魔术。

师：我再表演一次，看看小猪到底藏在哪里？小朋友可以和老师一起讲故事。

师：现在你知道秘密了，请你再表演一次。

小结：你的魔术成功了吗？没关系，一定会成功的，关键是你的小猪藏在哪里、什么时候藏是最关键的。

4. 启发延伸

（1）师：老师说的那些话、做的那些动作都是有魔法的吗？

那还要不要说？没有魔法也要说，说给谁听的？轮到你表演的时候你把故事说给谁听呢？

（2）师：有了故事和这些道具，你们都会成为优秀的魔术师，下一次我们还来到这里的时候，说不定就是邀请你来表演魔术的。小朋友再见！

活动反思：

1. 活动中教师口头语言较多。

2. 幼儿仔细倾听故事，教师讲述故事角色灵活，色彩鲜明，故事与魔术完美结合。

3. 教具准备充足，能使幼儿更好地动手操作体会故事。

思考与练习

1. 幼儿园学科领域教学活动设计的要素有哪些？如何指导？
2. 如何开展幼儿游戏活动？
3. 幼儿园区域活动设计的指导策略有哪些？
4. 幼儿园单元主题活动的特点是什么？

操作实训

1. 深入幼儿园实地观察幼儿园学科教学活动，并做好活动记录，分析其内容，指出优缺点。

2. 分组搜集整理童年游戏，编辑制作童年游戏集，并以小组为单位合作设计游戏，撰写游戏活动方案，实施游戏活动。

3. 深入幼儿园开展区域活动调查，调查小、中、大三个年龄班区域的开展情况（如每个年龄班的区域数量、区域类型、幼儿参与情况、教师作用等），分析其优缺点，并尝试提出建议。

4. 以小组为单位，设计一个主题教学活动方案，并进行互评。

第六章

幼儿教育课程实施

第一节 幼儿教育课程实施的含义与取向

确定了幼儿教育课程的目标，选取了适宜的幼儿教育课程内容，书写出幼儿教育课程方案（在第五章介绍），这仅仅是静态的文本呈现，只是幼儿教育课程的准备工作。要想借助于幼儿园及其课程促进幼儿的健康全面发展，还必须将幼儿教育课程付诸实践，将静态的文本转化为动态的过程，而这一实践或过程就是幼儿教育课程的实施。

一、幼儿教育课程实施的含义

幼儿教育课程实施是指幼儿教育机构为了实现幼儿教育培养目标，通过专门组织的教学、游戏、日常生活、其他类型的活动等教育活动，将幼儿教育课程规划付诸实践的过程。

幼儿教育课程实施是幼儿教育工作的真实需要，是幼儿教育工作者影响幼儿成长发展的具体过程。是社会的幼儿教育理想得以落实，家庭的幼儿教育追求、幼儿的发展需求得以实现，幼儿园的教育资源、教师的幼儿教育综合素质得以发挥施展的过程。幼儿教育课程实施是幼儿教育机构最为关键也是最为重要的工作。

在幼儿教育课程编制和幼儿教育活动设计时，教师更关注课程和教育活动所依据的理论。理论多少带有理想主义的色彩，因为理论往往关注的是一般的、普遍的知识，追求的是真理性、可证实性、广泛性等；而教育实践往往关注的则是可行性和有效性，因为教育实践的内容是具体的、特定的、是受情景影响的，实践需要对各种可能的行动做出抉择，而抉择的依据主要是解决实际问题，并不是所抉择的行动本身是否具有真理性。从这个意义上讲，幼儿教育课程实施的过程，就是在理论与实践之间求得一致性的过程，这个过程充满了摇摆、权衡、妥协和创新，如若这个过程处理不恰当，就会造成理论与实践的脱节。

对幼儿教育课程实施的研究，关注的是课程在实施过程中所发生的情况，以及影响课程实施的各种因素。对幼儿教育课程实施的研究，有益于课程编制者了解、分析和评定课程编制与教育实际之间的切合度，以及导致切合度高低的原因，从而调整课程设计方案，提高教育、教学活动设计的有效性。对幼儿教育课程实施的研究，也有益于教师了解、认识和评价课程编制者的教育理念和原本意图，分析和估量教育理论与教育实际之间存在的距离，学习如何运用教育实践性智慧去填补教育理论与教育实践之间的沟壑。

二、幼儿教育课程实施的取向

在幼儿教育界或幼儿教育史上，对幼儿教育课程人们往往有不同的实施取向，了解这些课程实施取向的不同或利弊，有助于未来的幼儿教师树立更为科学积极的幼儿教育课程实施观，提高幼儿教师实施课程的水平和能力。

1. 忠实取向

幼儿园教育活动的忠实取向是指教师在实施幼儿园教育活动时，完全忠实于之前设计的幼儿园教育活动方案，严格执行的过程。有人以建筑施工来隐喻忠实取向，即幼儿园教育活动方案是一张建筑图纸，幼儿园教育活动实施是建筑工人进行施工。对于建筑工人而言，必须完全按照建筑图纸的设计进行施工，切不可根据自己的意图随意对图纸进行更改，哪怕建筑图纸有错也应严格执行。图纸与施工是以两者之间的高度吻合来衡量的，因此，从这个角度而言，忠实取向的幼儿园教育活动实施同样考量教师的操作与原方案的高度吻合。

显然，在忠实取向中，幼儿园教育活动就是建筑图纸，是教育主管部门与具有一定权威的幼儿园课程专家共同设计、制定的，教师仅仅充当建筑工人的角色，忠实按照专家的设计执行即可，根据幼儿的实际情况做出调整的空间很小。

2. 相互适应趋向

幼儿园教育活动实施的相互适应取向是指将教育活动实施的过程看作教育活动设计者与实施者之间通过协商而相互适应的过程。有人以球赛隐喻相互适应取向，幼儿园教育活动的方案是在比赛之前教练和球员共同协商制定的方案，幼儿园教育活动实施的过程就是比赛的过程。因为天气、地利、人员安排以及比赛过程中非可控因素的影响，比赛中的一方球员会根据现场对手的即时状况快速调整球员的站位、安排，并形成一种共识与默契，从而机敏地对抗对手。

在相互适应取向中，幼儿园教育活动方案就是教练和球员共同商定的方案，该方案具有一定的优势，教育主管部门与具有一定权威的幼儿园课程专家代表教练，进行实践操作的幼儿教师代表球员。在幼儿园教育活动实施的过程中，教师必须根据各种情境下幼儿的不同反应给予不同的回应，采用不同的策略，以促进每位幼儿的健康发展。教师的角色是积极的、主动的幼儿园教育活动的设计者与实施者。

3. 创生取向

幼儿园教育活动实施的创生取向是指将幼儿园教育活动的实施过程看成教师与幼儿联合创造教育经验的过程。有人以音乐演奏来隐喻幼儿园教育活动实施的创生取向，幼儿园教育活动方案是乐谱，幼儿园教育活动实施是音乐家演奏，乐谱是相同的，但是不同的音乐家由于自身对音乐的领域有差异、自身演奏技巧高低有别、现场的发挥不同等因素，对同样的乐谱进行二次创造，演绎出了不同的乐曲。

在创生取向中，乐谱就是幼儿园教育活动的关键经验，是一个教育的大框架，框架之内的内容需要教师根据幼儿的即时情况、现有水平进行适度的二次创作。师幼共同围绕关键经验，在一个大框架内相互作用，不断生成新的学习内容与学习机会，这是典型的教育智慧的彰显，是创造性工作的体现。

上述三种取向从不同侧面揭示了课程实施的本质，各有其存在的价值。课程实施的忠实取向强化了课程政策制定者和课程专家在课程变革中的作用；课程实施相互适应取向综合考虑了在实践情境之外的专家所开发的课程与对这种课程产生影响的学校情境、课堂情境等因素；课程创生取向则是把处于具体教育情境中的教师和学生在课程开发、课程创造中的主体性解放出来。

上述三种课程取向也存在各自的局限性，具体表现为：课程实施的忠实取向把课程变革视为线性地实施预定的课程计划的过程，使课程变革成为一个机械的、技术化的程序，这就抹杀了课程变革的直接参与者——教师和学生的主体价值。相互适应取向本身是比较模糊的，带有折中主义色彩，它在兼具另外两种取向的优点的同时，也不可避免地具有局限性。课程创生取向具有浓厚的理想色彩，要求教师不仅能对专家开发的课程做出正确的判断、选择和解释，而且善于根据具体情境的特殊需要创造自己的课程，并要求学生也成为课程的主体。

三、影响幼儿教育课程实施有效性的因素

许多种因素影响着幼儿教育课程实施的有效性，包括课程实施活动设计的本身、实施课程活动的教师、课程活动实施的对象——幼儿，以及与幼儿教育有关的各种环境因素，等等。幼儿教育课程实施的有效性指的是在特定的教育情景下各种影响幼儿教育课程有效性的因素所产生的综合效应。

（一）幼儿教育课程活动设计的本身

幼儿教育课程活动设计的本身，是决定课程实施有效性的一个重要因素。有质量的课程活动设计，起码要能符合以下五个方面的要求：

1. 主体性原则

课程活动设计中的主体性原则是指教师必须坚持以幼儿为活动的主体，在活动内容选择以及活动形式的安排上，注意激发幼儿的主动性、自主性。让幼儿通过自身的实践活动、探索活动等来学习并主动建构自己的知识体系，在发现和解决问题的过程中发展自己的能力。

在活动设计中，教师应正确认识和把握好自己的角色，适时、适当、适宜地发挥自己的主导作用，对幼儿的学习提供支持和帮助。

2. 科学性原则

科学性原则是指教师向幼儿传授的知识、技能应该是正确的、符合客观规律的。教师教学内容选择、教学组织形式安排和教学方法的运用，都应符合幼儿的年龄特点和他们认识事物的规律，根据幼儿的实际安排相应的教学内容、制订切实可行的教育教学计划，保证幼儿教育课程活动过程的科学性。

3. 发展性原则

发展性原则是指设计课程活动时，应考虑符合幼儿现有的经验水平及最近发展区，并以此为依据着眼于幼儿在身体、认知、情感、个性和社会性等方面的全面发展。

课程活动的设计应以促进幼儿的发展为出发点，应当充分考虑幼儿的可接受性，符合幼儿的认知规律，注意由易到难、由浅及深，循序渐进。因此，选择的活动内容应当适合幼儿的发展水平，不能任意降低或拔高活动目标，进行目标设计时要根据本班幼儿身心发展的特点及认识规律，使教学建立在幼儿的"最近发展区"的基础上。同时，课程活动的设计也

应以促进幼儿的全面发展为目的，始终贯彻以"发展"作为教育活动设计的核心。在目标的制定、策略的选择、材料的提供、环境的创设上都要以有利于幼儿发展为依据和准则，这种发展应该是全面而综合的。在贯彻这一原则时，教师在考虑幼儿发展整体性的同时，要依据幼儿的不同水平因材施教。

4. 活动性原则

活动性原则是指幼儿教育课程活动要以幼儿的身心发展特点为依据，将活动作为基础，引导幼儿在活动中自主探究，通过与材料的互动获得发展。幼儿在活动中的学习是有意义的学习。教师应提供学习的材料和机会，创设一个富有教育性的环境，让幼儿通过自己的感官，通过直接感知、动手操作和体验获得经验、得到发展。

5. 趣味性原则

趣味性原则是指在课程教育教学活动中，教师必须使各教学环节充满趣味，以引起幼儿浓厚的学习兴趣，激发幼儿学习的积极性和求知欲，使幼儿在愉快的气氛中，全身心投入活动中，即寓教育于娱乐之中。

教师在设计幼儿教育课程的教育教学活动时，只有教育教学的内容、活动形式、方法等符合幼儿的特点，使他们能接受并感兴趣，才能激发其参加活动的主动性和积极性，在活动中保持持久的注意力。

（二）实施幼儿教育课程活动的教师

实施幼儿教育课程活动的教师是决定课程活动有效性的最为重要的因素。教师的专业水平、教师对各种课程活动的价值判断、教师对课程活动的理解、教师对课程活动资源的把握、教师已有的教育经验、教师每日每时的情绪状态、教师与幼儿园其他人员之间的关系，以及教师与幼儿及其家庭的关系，等等，都会影响课程活动实施的有效性。

对于同样已经设计好的教育活动，有的教师可以在教育、教学过程中实施得十分完美，甚至发挥得淋漓尽致，尽善尽美；而有的教师则可能难以把握，甚至将其引向歧路。

（三）幼儿教育课程活动的实施对象——幼儿

幼儿教育课程活动的实施对象——幼儿也是决定课程活动有效性的重要因素。从微观的角度看，幼儿园班级中幼儿的人数、幼儿每日每时的实际状况、幼儿的家庭背景和状况、幼儿与幼儿园中各种人员之间的关系，等等；从宏观的角度看，幼儿在社会中所处的地位、幼儿生活所在地区的经济和文化等状况，等等，都会影响幼儿教育课程活动实施的有效性。

（四）与幼儿教育课程有关的各种环境因素

与幼儿教育课程有关的各种环境因素，包括物质环境（如幼儿园的地理位置、空间密度、设施设备、活动材料，等等）和心理、社会环境（如幼儿园的文化传统和办园风格、幼儿园与社区的关系、幼儿园与幼儿家庭的关系、幼儿园内各种人员之间的关系，以及幼儿园所在的地区的经济、政治、文化等状况，等等）也都会影响教育活动实施的有效性。

第二节　幼儿教育课程实施环境创设

一、幼儿教育课程实施要点

（一）建设、形成务实有效的课程文化

幼儿教育课程的编制与实施需要理性、需要专业信念的引领；需要专业知识、能力和情

感态度的全方位投入；需要构成追求新知与真理、相互尊重、团结合作、分享与默契、充满生机和激励的团队。建设与形成这种以专业信念和默契为核心的幼儿园文化，课程的编制与实施就不会偏离方向并形成专业自觉。幼儿教育机构要通过课程文化建设，形成积极向上的良好课程建设和实践环境，人人认真学习理解幼儿教育课程的内涵、实质，理解幼儿、教师、教育内容、教育环境及其相互关系，加强课程实践的交流、对话和总结、提升，充分发挥教师在课程中的作用，实施以幼儿发展为本，务实、稳定地追求适宜于幼儿发展的教育，以持续有效地促进幼儿全面和谐而富有个性的发展。

（二）加强对幼儿学习与发展的观察、了解

幼儿教育要做到为所有幼儿的身心健康成长、为每一个幼儿提供积极的支持与帮助，就必须建立在了解幼儿发展现状的基础上。2012年由教育部颁发的《3~6岁儿童学习与发展指南》为教师全面深入地观察和了解幼儿提供了清晰的框架，便于教师有目的、有计划地观察、了解幼儿。作为未来的幼儿园教师，要完整地熟悉和掌握《指南》的各个领域和目标，形成对幼儿学习与发展的整体形象，以便在幼儿日常生活、游戏等活动时进行观察，能及时捕捉到较典型的表现，了解其实际能做什么与期望能做什么之间的距离，从而有目的、有计划地提供环境和活动，支持和促进其学习和发展。教师要有目的、有重点、有计划地观察了解每一位幼儿，了解他们学习与发展的状况，分析他们的需要，提供有效的支持与帮助，促进他们的学习与发展。

（三）珍视幼儿生活价值，让教育自然融入生活

生命与生活是个体成长过程中不可分割的两个方面。对于学龄前儿童而言，生活的过程就是学习的过程。幼儿就在日常生活中学习生存、发展各种知识和技能，通过与成人和同伴交往，体验各种情感、感知、了解周围事物，积累各种经验，形成一定的习惯和性格。一方面，教师要珍视幼儿生活的独特价值，把教育融入一日生活，为幼儿创造丰富的生活，使他们从中学得更多、积累丰富、多样、广阔的经验，获得更好的发展。另一方面，还要尊重和关怀学龄前儿童自己的生活世界，不可指令性地对幼儿进行训练，创设丰富的环境，"让幼儿在一个真正属于他、能让他的生命得到萌发的、现实的、感性的和真正能彰显主体性的环境中生活和学习"。满足幼儿生命成长的需要，使他们沉浸在能够自然、自主地在自己喜欢的、直观形象、能够理解又富有挑战性的、自己的生活世界学习与发展。

（四）创设和提供适宜的环境材料，在游戏中推进幼儿发展

游戏是儿童的天性，游戏伴随着儿童成长。"游戏反映发展，游戏巩固发展，游戏促进发展。"教师要根据活动室的大小和活动室内外、课程需要创设活动区环境，有目的、有计划地多以开放性的方式投放多功能、多层次的材料，引发幼儿自主选择区域和材料，在玩即游戏过程中学习与发展。在幼儿游戏过程中，教师要以《指南》为抓手，有意识地观察了解幼儿的发展现状和发展需要，随时发现和利用可以影响幼儿发展的教育因素。在这一过程中，教师不随意干扰幼儿，而要细心分析如何顺应幼儿游戏的意愿，支持幼儿在积极情绪的体验下，充满兴趣地发展游戏，得到新的经验、获得发展。

（五）教师在学习、观察研究幼儿、反思教育实践的过程中成长

教师要联系自己的教育实践，不断深入学习《规程》《纲要》和《指南》及其专家所做的《解读》，结合自己的教育实践，长期坚持读学前教育专著，"勤学如春起之苗，不见其增，日有所长"（陶渊明）。通过学习，不断汲取教育精髓，深化对幼儿教育的理解，树

立幼儿教育专业信念。同时，还要在实施课程、教育工作过程中，以先进的理论为指导，不断探索、研究、验证、反思、发现，不断吸收同化各种新信息、建构自己的教育思想、提高教学能力。通过研究发现教育实践中的问题，分析问题、解决问题，提高自己对教育实践的自觉意识。及时地借助幼儿活动过程的反应，对自己教育行为及其效果进行思考与分析，判断自身所确定的教育目标、选择的教育内容、创设的教育环境、投放的材料、采取的组织形式以及教育过程的指导行为是否适宜，做出及时的调整和改进。为了适宜、有效的教育而研究，在教育过程中"研究自己的实践，解释自己的实践，促进自己在思考和解决实际问题的过程中活学活用理论，在提高实践的科学性、合理性的同时提高自己的专业素质"。

二、幼儿教育课程与课程实施的关系

幼儿教育课程是幼儿教育机构依据其教育目标或课程方案，有计划地、系统地设计、组织安排的各种教育教学活动的规划。

在幼儿教育机构里，凡是对幼儿发展产生积极作用的各种活动都应尽可能地纳入课程之中。所以，幼儿教育机构的课程应包括以下几个方面的内容：教师按课程要求有计划、有目的地设计和组织的教育活动，幼儿在幼儿教育机构里一日生活的安排与组织，幼儿自选活动的提供与指导，幼儿教育机构教育环境的创设与利用，家长工作与社区的联系，等等。

课程可根据课程目标的层次划分为年龄班计划：学期计划、月（周）计划、具体教育教学活动计划（教案）。在这些计划中，只有具体的教育教学活动才与儿童发生直接关系，对儿童的身心发展产生较大的影响，因此，这类计划一定要贴近幼儿发展实际、满足幼儿发展需要，通过实施而实实在在地使幼儿有收获、有提高。

《纲要》明确提出："教育活动的组织与实施过程是教师创造性地开展工作的过程。教师要根据本《纲要》，从本地、本园的条件出发，结合本班幼儿的实际情况，制订切实可行的工作计划并灵活地执行。"教师的课程实施是在遵循幼儿园课程总体规划下的一个创新、创造的过程。

1. 教师可根据课程实施中的具体情况适当、适时加以调整

课程实施中，教师在不改变其基本设计的情况下，根据个人主观的理解可以对计划进行微调，但这种调整是教师单方面进行的。现代课程观的精髓是将儿童视为主体，使他们进行积极而主动的学习，作为教学计划就要基于幼儿的特点与兴趣，源于幼儿的经验与需要，融于幼儿的生活流程中。显而易见，课程不再只是教师单方面的职责，幼儿也在发挥一定程度的控制作用，他们关注的事物、提出的问题、遇到的困难，都将成为课程实施的依据。

2. 教师与幼儿创造性共建课程

课程计划是由教师引导幼儿一起商定的，课程实施的步骤并没有在计划中做出严密的制定，只是一个大体的框架。课程实施的过程也就是教师与幼儿共同围绕儿童感兴趣的问题或主题而相互作用，合作学习，不断生成新的学习机会的过程，即生成课程。

共建和生成课程的最大优点是在课程实施和执行计划的过程中，根据幼儿的兴趣与需要以及活动情况，随时进行调整。教师与幼儿共建课程，给了教师很大的自主性，使课程计划成为动态的、开放的计划，使教师、幼儿真正成为课程计划的拟订者与实施者，充分调动了教师工作的积极性，让孩子学得更生动、更有效，有利于发挥和发展幼儿的主体性，培养创新型人才。

总之，在课程设计中，设计者一定要在进行周密的思考、严密的计划的同时适时调整计划，灵活开发新的课程，真正做到：

（1）在考虑教育活动方案时，多几种假设，多几种课程发展的可能性，以便在实施过程中能够对孩子的不同反应有所应对。

参加工作几年了，从没有像今天这么生气和尴尬过。语言活动中，我给小朋友们讲了一个故事，故事梗概即小兔子在森林里遭遇了大老虎，小兔子面临危险，我让小朋友想尽办法救助小兔子，打跑大老虎。

培养幼儿的口语表达能力和发散思维，这是我开展活动的本意。

可是问题刚提出，大家就开始议论应不应该救小兔子，应不应该打老虎的问题，因为老虎是国家保护动物，而兔子不是。无论我怎么引导，嗓门多高，孩子们仍是就此争论不休。天哪！备课时我怎么没有想到孩子们会有这样的问题呀！

分析：其实即使在活动前考虑了各方面的因素，但当教师带着对某一主题价值的构想和对幼儿的期待进入活动后，仍会出现一些使教师始料不及的情况。比如，案例中的教师提出一个问题后，幼儿并不顺着教师预先设想的答案去回答，而幼儿的答案又生成另一些同样重要的新问题。这时教师又该怎么办呢？是置之不理，转移注意，还是以教师的权威去压制孩子的思维，完成课程开发者和教师强加的目标？如果真正从幼儿的"学"出发，教师就应该以参与者和活动伙伴的角色与幼儿进行真诚的对话和互动，在彼此的交互作用中自然产生新的目标与课程内容，满足幼儿的兴趣和求知欲。

对教育活动中儿童生成问题的回应指导策略有：根据问题的类型及当时的实际场景，或即时回应，给予解答，以肯定其想法、其思维的方向，丰富经验等；或适当延缓，换个角度将问题再抛还给儿童，促其继续思索、探究、深化思维、自主解决；或临时转移视线，留下任务，引导儿童通过各种途径寻求答案，并提供适当的时机引发儿童同伴互助解决。

（2）当发现孩子真正感兴趣而且有价值的事物时，大胆打破原来的计划，调整教育活动内容。

"教室之中突然飞来了不速之客——一只花蝴蝶在屋里飞来飞去，孩子们谁也不听你的了。"遇到这种情况，你该怎么办？

分析：这时你可以完全放弃你的原有计划，和幼儿一起观察这只蝴蝶如何在屋里飞来飞去，或打开窗子看它飞出去，或将它抓获，讨论讨论蝴蝶的外形等问题。

（3）当发现原定的活动时间、进度不符合实际情况时，不要拘泥于原定计划，应顺应事情的自然发展，因势利导。

在我一学期的课程计划中，既有"认识商店"，也有"认识我周围的人"这两个教育单元，但在计划进行"认识商店"的这一周里，我发现大多数幼儿受电视的影响，对勇敢抓坏人的警察叔叔产生了极大的兴趣，天天谈论、模仿，并且仅仅模仿里面一些打打杀杀的动作。这该怎么办呢？是想尽方法让幼儿认识商店或超市？还是顺应幼儿的需求，将也许是下几周的教育主题提前，调换为"认识我周围的人"或"认识警察"？经过深思熟虑和我班幼儿实际，我决定打破计划，调整内容。

分析：教师可根据每一阶段幼儿的兴趣和关注点，调整课程计划或设计新的教育活动。如果我们的教育是将幼儿的"学"而不是将教师的"教"放在第一位，就理应选择后一种，即调整课程计划。

（4）教育活动后对教育活动的目标、内容结构进行反思，如果发现有不适宜的，应该及时调整课程计划。

归根结底，学前教育机构的课程实施是为儿童的学习与发展服务的，所以我们关注的应是孩子学得怎样，而不是课程计划完成得怎样。课程实施过程中，教师要关注孩子的活动、学习情况，及时灵活地调整计划。总之，学前教育课程实施的实质在于把静态的课程方案转化成动态的课程实施的过程，是课程的再设计过程，是教师创造性的实现教育目标的过程。

三、幼儿教育课程实施的准备

（一）物质材料的准备

物质材料是教育意图的载体，它本身的特性以及由这些特性所规定的活动方式往往决定着幼儿可能获得什么样的学习经验，获得哪些方面的发展。物质材料可以包括教具和学具，教具是指教师在教学活动过程中为了更形象、具体、直观地说明讲解教学内容而使用的直观的、形象的物质材料，包括实物、图片、多媒体等。学具即活动材料，在幼儿学习中，活动材料往往起着桥梁和中介的作用，使幼儿能具体、直观地感知和体验。此外，活动材料还以让幼儿实际动手操作，符合幼儿的学习特点，有利于幼儿获得感性经验。幼儿园的活动材料更多的应该是日常生活中的各种物品、当地的自然资源和安全的废旧材料。

案例　　　　　　　　　　　　　**有趣的脸**

在中班艺术活动"有趣的脸"（创意画）活动中，教师的活动目标是"喜欢用生活中的小物品进行创意画活动，会选择合适的材料表现人物五官所呈现的形态与表情，并运用材料装饰头发"。在活动方案中，教师设计了以下的物质材料。

（1）教具：面具一个、人脸挂图一张、五官图卡、主要材料展示板、背景音乐、黑板。

（2）学具：人手面具一个、花、毛线、铁丝球、茶叶梗、树枝、树叶、电线、长形气球、小勺子、夹子、瓶盖、牙签、钥匙、扣子、带壳花生、羽毛、辣椒、电池、黑豆等。

（二）知识经验的准备

在幼儿园教育实践中，我们发现幼儿教师一般只考虑到物质材料的准备，而忽略了知识经验的准备。经验"是人在实践中通过自己的感觉器官直接接触客观外界而获得的对各种事物表象的初步认识"。教师准确把握幼儿的最近发展区是活动成功的关键所在，而要找到最近发展区，就要求教师在进行新的教育教学活动前必须了解幼儿前期已经掌握了哪些与本活动相关的知识技能，具备了哪些能力。如大班美术活动《京剧脸谱》中，教师在让幼儿进行京剧脸谱的装饰之前，就要通过各种途径和方式丰富幼儿关于京剧脸谱的相关经验。

（三）活动环境创设

幼儿的学习兴趣与学习愿望总是在一定的情境中发生的，适宜的情境能够引发幼儿参与活动的兴趣。在教学活动设计中，教师可以根据教学内容、幼儿的年龄和生活经验，并借鉴一些常见的生活事件，去创设一个个生动而真实的、可亲身体验的、科学而有效的模拟生活的教育情景，让幼儿与情境中的人、物、事件相互作用，从而建立起连接教学与生活的桥梁。如大班"物体的分类"的数学活动，在设计活动时，可以考虑创设一个超市的活动情境，让幼儿扮演"营业员"，按照玩具、食物、生活用品、服装等类别整理物品，从中学习分类。

并不是每一个教育活动的准备都需要包括以上三个方面，一般而言，物质准备是必需的，而知识经验准备和活动环境创设则要根据具体的活动内容和幼儿的年龄特点来确定。

第三节 幼儿教育课程实施策略

一、幼儿教育课程实施的途径

幼儿教育课程是通过幼儿园一日生活中的教育活动来实施的。具体来说至少包括以下几种基本途径：

（一）教育教学活动

它是教师依据课程目标和内容，有计划、有组织的设计和安排活动，以引导幼儿获得有益的学习经验。它有目标明确、内容精选、计划性强、教师的组织指导作用明显等特点。这类活动主要用于帮助幼儿获得新知识、新技能，并能整理、扩展、提升幼儿原有的经验。

（二）游戏

游戏是幼儿最喜爱、最适合其年龄特点的活动，其中蕴含着巨大的发展价值。游戏作为幼儿教育的一种基本途径，其前提是教师要充分尊重幼儿游戏的愿望与需要，支持和保护幼儿游戏的权利，给予充分的时间、材料等的保证，还原游戏的本来面目。否则，其教育价值会大打折扣。

（三）日常生活活动

除教师专门组织的教育教学活动及游戏外，幼儿在其他各项活动，例如，进餐、盥洗、睡眠、交往等活动，同样蕴含着巨大的发展价值。幼儿教育机构的教育目标和内容很多是通过日常生活完成的，尤其是幼儿良好生活习惯的形成、社会性行为规范的养成等。幼儿在教育机构的日常生活，应该成为教育的一个重要途径，这也是幼儿园教育与中小学教育的一个重要区别。

（四）自我活动

在传统的幼儿教育课程实施过程中，主要强调教师的主导作用，往往忽略幼儿的主体性。其实，在教育史上，福禄贝尔和蒙台梭利都非常重视幼儿的自我活动，并且认为自我活动是课程实施的主要途径，通过自我活动，幼儿能够获得更多的知识和能力。自我活动不同于游戏活动，它主要强调幼儿的自主性和独立性，教师需要做的就是为幼儿提供能够充分发挥幼儿想象力和创造能力的玩具，通过人与物的相互作用，充分利用各种感觉器官，进而使幼儿获得直接的经验，体验通过自己的探究而收获的乐趣。

（五）其他类型活动

除了前述的教学活动、游戏、日常生活活动外，幼儿教育机构还开展其他类型的活动，如节日活动、劳动、外出活动、亲子活动、家长开放日活动等。

（六）家、园、社区的合作

家庭、托儿所或幼儿园、社区是幼儿生活、学习的主要场所。幼儿的发展是它们彼此之间共同作用、和谐一致的结果。因此，教师应树立大教育的观念，与家庭、社会建立合作伙伴关系。

二、幼儿教育课程实施的策略

幼儿教育课程的实施，就是根据幼儿教育培养目标，遵循幼儿教育基本规律去执行具体的课程或教育活动。一般来讲，一次具体的课程或教育活动的实施应包括对活动步骤、提问的设计、教与学的方法、教具的使用等进行的具体操作。

（一）导入环节的一般策略

导入是课程或教育活动开始时，教师引导幼儿进入课程或教育活动过程的组织形式，其目的在于引起幼儿的注意，激发幼儿活动的兴趣、求知欲望等。有效的导入环节应该具有以下几个特性：

（1）启发性

启发引导幼儿积极思考是导入设计的核心内容，它既是师幼互动特点的反映，也是实现教育目标的内在要求。富有启发性的导入，需要精心设计导入内容，采用多种方式，如问题启发、演示启发、情境启发、实物启发等。

（2）针对性

根据活动内容、幼儿年龄特点，活动一开始就要把幼儿思维带入一个特定情境中，要兼顾全班幼儿的各种活动方式，运用各种教育方式使每个幼儿进入活动状态。

（3）趣味性

导入时要做到方式新颖、内容新颖、教具新颖、语言风趣、生动形象，注意关注幼儿的经验和兴趣，有利于调动幼儿活动的积极性和主动性，实现最佳的活动情感状态。

（4）艺术性

艺术性是教师导入设计能力的综合体现。首先，要做到导入的内容、方法、手段具有高度的统一性。其次，导入的设计应具有高度的教育性和科学性，不能流于形式、肤浅戏谑。最后，导入环节应与活动过程中的其他基本环节之间过渡自然、衔接巧妙、逻辑性强。

（5）简洁性

导入设计要简洁、明了，用最少的语言、最短的时间迅速而巧妙地集中幼儿的注意，实现师幼共同活动。

由于幼儿教育课程活动内容不同，幼儿的年龄特点不同，教师个人的教学风格不同，因此，导入时所使用的策略也会有所不同。常用的导入策略有以下几种：

1. 直观导入

直观导入即运用直观的方式，通过激发幼儿的兴趣导入活动，如故事、猜谜、材料演示、视频、图片等方式。直观导入的方式符合学前儿童思维特点，符合直观性原则。

案例　　　　　　　　　**大班语言活动——做在大胡子里的鸟窝**

活动开始时，教师直接出示教学图片，以图片引题，激发幼儿参与活动的兴趣。教师说："今天老师要给你们介绍一个新朋友。你们看，他跟我有什么不一样的地方呢？""原来他是一个长着大胡子的小矮人，他叫大胡子，有一天，大胡子遇到了一件很有趣的事情，我们一起来听听吧！"

2. 游戏导入

游戏导入即通过游戏的形式导入活动。游戏是幼儿最喜爱的活动，在活动开始时，教师可以用游戏的方式或者游戏的口吻创设游戏的情境，激发幼儿参与活动的兴趣。

案例 　　　　　　　　　中班数学活动——小刺猬摘果子

活动开始时，教师以游戏"果子多又多"来引导幼儿复习5以内的数量。教师说："秋天到了，树上的果子成熟了，小刺猬们，跟刺猬妈妈一起去摘果子吧。"幼儿通过听音辨果子、看图卡摘果子的游戏，复习了5以内的数字。

3. 情境导入

情境导入即通过创设情境导入活动。教师根据活动的需要为幼儿创设生动、形象的学习情境，使幼儿产生身临其境的感觉，并引发幼儿相应的情感和态度，促进幼儿学习。特别是年龄小的幼儿，更要通过创设游戏情境，营造一个情景交融、生动活泼的学习环境，提高幼儿学习的积极性和主动性。

案例 　　　　　　　大班美术活动——送给卖火柴小女孩的礼物

活动开始时，教师播放录音故事，一边由幼儿表演故事情节，运用夸张的动作表现出卖火柴小女孩的饥寒交迫、渴望温暖的情境，再启发幼儿该送什么礼物给小女孩。教师用故事情境来激发幼儿创作的欲望。

运用情境导入时，创设的情境要具有新意，创设的内容要与活动目标一致且具有启发性。

4. 问题导入

问题导入即利用问题引发幼儿的学习与活动愿望，包括直接问题导入、悬念导入等策略。

案例 　　　　　　　　　大班科学活动——神奇的鸡蛋

在大班的科学活动中，老师在开始时表演了一个节目——"踩鸡蛋"。老师先将6只鸡蛋分两排挨着放好，再在上面放上一张适当的木板。老师慢慢地跨上6只鸡蛋支撑的木板，小朋友们不禁惊呼："老师，不能踩，鸡蛋会碎的！"个别小朋友还用小手把眼睛捂了起来，却又忍不住从手指缝里往外瞧。然后，老师稳稳地站在了木板上，鸡蛋也没有如小朋友预料的那样破碎。于是，幼儿羡慕地、由衷地鼓掌："哇，老师会气功！"这时，老师神气地说："老师并不会气功，只不过因为老师知道这里面的秘密！"

这种导入策略就是教师在幼儿活动前，结合活动内容设置悬念，使幼儿置身于惊异之中，将幼儿的求知欲等激发到了极点，从而产生了强烈的学习与活动的欲望，为幼儿创造出积极探索的最佳教育情境。

在运用问题导入策略时，问题设置不能太难，要具有启发性；要紧扣本次的活动内容，形象生动；同时要把握好提出问题的时机，在幼儿有探索的愿望但却又不知该如何探索时提出问题效果最好。

（二）基本部分的一般策略

在课程或教育活动中，幼儿集中注意力积极参与活动，情绪兴奋，思维活跃，富有创造的激情，这是教师所期待的最高的教育境界。因此，教师在课程或活动组织实施过程中，要根据活动中幼儿的需要，选择相应的互动方式，调动幼儿参与活动的积极性，并根据幼儿的个体差异进行有针对性的指导。

1. 创设激发幼儿兴趣的学习情境

杜威在《民主主义与教育》一书中提到："任何思维过程的出发点都是正在进行中的事情，这种事情，就它的现状来看，是不完全的，或者未完成的。这种史前的要害、它的意义，全在于它将会是什么结果，怎样产生结果。"由此可见，人的思维会在一种不完全的情境中产生，而情境的特点决定了幼儿思维的发生。因此，创设激发幼儿兴趣的各种学习情境是引发幼儿思维发展的策略。教师可以通过激发幼儿的兴趣，使幼儿形成持续的学习探究兴趣，在活动过程中不断产生创造性思维。

案例　　　　　　　　　**中班科学活动——风娃娃**

老师首先出示点亮的蜡烛，问幼儿："用什么办法可以熄灭蜡烛？"（吹气）"为什么吹气可以使蜡烛熄灭？"（产生风）"小朋友，现在教室里有风吗？请小朋友想一想，怎么样会有风？"（小朋友用各种材料产生风）"你刚才用什么办法产生了风？"（幼儿抢答）"小朋友，为什么可以产生风？"

以上案例，教师在活动实施过程中通过一系列的提问，沿着空气—风—空气流动这一主线层层导入，不断创设问题情境，激发幼儿探究的兴趣，使幼儿能积极地进行创造性思维。

再如中班歌唱活动"鸭子上桥"，歌曲描述的是8只鸭子上桥和下桥的情景，歌词内容简单，通过数字的顺数和倒数，来表现上下桥的经过，有一定的情境性，每只鸭子上下桥不同的节奏变化和歌曲中间奏停顿、附点的问题构成了歌曲生动活泼和鲜明的节奏特点。教师根据歌曲的特点，创设了鸭子上桥的情景，把平衡木当成小桥，让幼儿8个人结伴，伴着音乐玩"鸭子上下桥"的游戏，通过快乐的情景体验，感受歌曲的意境，把握歌曲的旋律特点。

2. 设置开放性的提问方式

提问是教师运用语言与幼儿进行互动的一种最基本也是最常见的教学方法和策略。教师提出的问题是引发幼儿不断进行探究活动的必要条件。教师在活动实施中，要注意提问的方式，常用的提问策略有以下两种：

（1）启发式提问

当发现幼儿对活动内容不理解或者没兴趣时，教师可以通过启发性的问题引发幼儿的思考；当发现幼儿的自主学习或者探究面临困难而止步不前时，教师也可以通过启发性的问题引发幼儿进一步讨论或者探究。如"这是什么？""你发现了什么？"等等。

（2）发散式提问

教师提出开放性的问题，让幼儿有思考和想象的机会，鼓励幼儿假设、猜想、质疑等，从而激发幼儿学习的积极性和创造性。当幼儿的思维或者想象比较简单、狭隘时，教师可以通过开放性的问题，引导幼儿转变问题思考的方向，帮助在新旧经验之间建立联系的基础上进行新知识的主动建构。如"为什么?""你是怎么知道的?"

3. 提供丰富的操作学习材料

3~6岁幼儿的思维处于直觉行动思维和具体形象思维的发展时期,依靠动作进行思维,思维伴随着动作发生,是这一阶段幼儿思维发展的典型特征。教师在活动中,要根据幼儿年龄发展的这种特征,结合教育活动的内容,提供给幼儿丰富的材料供他们进行操作、探究,使幼儿在材料操作学习中完成经验的建构。提供材料供幼儿操作学习也是"教学活动"区别于"上课"的一个典型表现,体现了教师在教学活动中对幼儿主体性的尊重。

案例　　　　　　　　　**中班科学活动——磁铁宝宝找朋友**

在中班科学活动"磁铁宝宝找朋友"中,教师为了让幼儿自主探索、感知磁铁能吸铁的特性,提供了不同材质的物品,包括回形针、铁夹子、螺丝帽、纸片、木质积木、塑料勺等,引导幼儿自己操作,探索、感知磁铁会吸铁的特性。幼儿通过对不同材料的操作,并将操作结果予以记录,发现了磁铁能吸铁的特性。

4. 灵活运用各种教学方法

"教学有法、教无定法",在活动实施过程中,教师选择和使用哪些方法,由活动目标和任务来确定,还要考虑活动的性质、活动内容的特点、幼儿的年龄特点、幼儿园环境及设备条件等科学地、灵活地运用多种教学方法,以保证活动有序、有效开展,激发幼儿的学习欲望,使他们积极主动地学习。根据各种方法的特点,可以把幼儿园教育活动的方法分为以下几种类型:

(1) 语言传递信息为主的方法。

语言传递信息为主的方法是指通过教师语言的表达,向幼儿描绘情境、叙述事实、解释概念、说明道理等,使幼儿能直接获得知识和经验的教学方法。这是幼儿园教育活动中最常用的一类方法,适合各类型活动和各年龄阶段的幼儿。具体包括讲述法、讲解法、谈话法等:

①讲述法。通过教师口头语言的生动描述、说明,向幼儿传递信息,从而使幼儿获得知识与技能的一种教学方法。

②讲解法。通过教师口头语言向幼儿解释和说明知识、材料、玩法等的教学方法,经常与示范、演示、范例等方法一起使用。例如,在科学活动中向幼儿介绍科学制作的过程;解释相关的科学原理等。

③谈话法。教师用提问、讨论等方式进行教学的一种教学方法。教师可以通过提问,引导幼儿运用已有的知识经验回答问题,使幼儿获得新知识、提升经验。

(2) 直观感知为主的方法。

以直观感知为主的方法是幼儿园教育活动的主要方法,这是由幼儿的年龄特点所决定的。它是教师在教育过程中配合讲述、讲解向幼儿展示实物、教具或演示实验、示范表演,使幼儿获得对事物现象的感性认识的一种教学方式。年龄越小的幼儿越适合用这样的方法。

①演示法。演示法是教师在教学活动中向幼儿展示直观教具、实物、模型进行示范性操作的一种方法。演示法可以集中幼儿的注意力,提高其学习兴趣,发展观察力、思维力,认清客观事物,并形成正确的认识。使用演示法时教师要选择适当的时机,激发幼儿的好奇心。这种方法常用于美术活动、科学活动中,与讲述法、谈话法等一起使用。

②观察法。观察法是指幼儿在教师引导下,有目的地感知客观事物的一种方法。观察法是幼儿认识周围世界,取得直接经验的重要途径。可以是幼儿主动、自发地观察,也可以是教师专门组织的观察。这种方法符合幼儿的认识规律和年龄特点,适用于任何一个年龄阶段、任何一种教育活动,是幼儿园教育活动的基本方法。

③示范法。示范法是指教师通过自己的语言、动作的示范,为幼儿提供具体可模仿的范例。例如,音乐活动、体育活动中,教师通过动作示范帮助幼儿掌握学习内容和动作。示范法包括完整示范、局部示范、分解示范等多种形式,教师可根据活动内容和幼儿的需要选择不同的示范方式。

④范例法。范例法是指教师按照教学要求提供给幼儿一种可学习、可模仿的榜样,它是形象、具体、具有启发性的。范例法对于年龄越小的幼儿作用越显著。例如,在社会教育活动中,以典型人物作为范例,这种潜移默化的作用是不可忽视的;在美术活动中,可以提供具有欣赏性的作品供幼儿欣赏、观察、模仿、学习。

⑤欣赏法。欣赏法是指教师让幼儿通过对艺术作品、自然景物、社会生活中的美好事物欣赏,获得美的感受,提高表现能力、审美能力。

(3)实践操作的方法。

实践操作的方法是指教师在教育活动中,创设多种以幼儿为主体的实践活动,在实践活动中,训练幼儿的各种感官,达到进一步理解知识、巩固技能、加深记忆、主动建构知识经验的一类教学方法。具体包括操作法、发现法、练习法、游戏法等。

①操作法。操作法是指幼儿按照一定的要求和程序通过自身的实践活动进行学习的方法。幼儿的发展是通过自身的活动进行的,操作法符合幼儿好动好玩的天性,幼儿通过动手操作能直观认识周围的世界,操作法也有利于幼儿巩固新知识、形成技能技巧。因此,这种方法适用于各年龄阶段的幼儿。

②发现法。发现法是由美国心理学家布鲁纳所倡导的,是指教师提供给儿童进行发现活动的各种材料,使他们通过自己的探索、尝试过程发现问题的方法。

③练习法。练习法是指在教师的帮助和指导下,通过多次的练习,使幼儿熟练地掌握知识和技能的一种方法。它是巩固新知识、获得新技能、养成良好行为习惯的基本方法。

④游戏法。游戏法是指通过在教师指导下进行的游戏活动来进行教学的一种方法,是深受幼儿喜欢的教学方法,也是最能体现幼儿园教育教学特点的主要方法。例如,在中班体育活动"有趣的冒险"中,教师通过"过小桥""跳土坑""爬草地"等有趣的冒险游戏,发展幼儿走、跑、跳、爬等基本动作技能,让幼儿在游戏中提高动作的协调性和灵活性。

以上介绍的是幼儿园教育教学活动中比较常用的方法。在选择和使用教学方法时,还要注意考虑不同领域活动的特点,根据领域活动的特点选择适合的方法。比如,在数学活动中多采用操作法、练习法、游戏法;在美术活动中多采用观察法、欣赏法等。

5. 面向全体儿童与个别指导相结合

在活动实施的整个过程中,教师要注意观察全体幼儿的学习情况和行为表现,关注幼儿的情绪,能根据观察到的情况进行全班反馈或者个别指导。在活动开始时,教师要注意观察幼儿的兴趣点和注意点。活动进行中要观察幼儿的主体性和互动性的情况。活动结束时要观察幼儿的情绪反应:是否愿意发表自己的意见?是否愿意分享和交流?在活动中教师要尊重幼儿的个体差异,对于发现的问题更进行有针对性的个别指导。

（三）结束部分的一般策略

结束部分是一个完整的教育教学活动必不可少的有机组成部分，具有迁移拓展、总结评价、欣赏分享的作用，通过结束部分，能进一步激发幼儿的好奇心与求知欲，使幼儿有一种意犹未尽、曲终人不散的感觉。因此，结束部分要注意紧扣活动内容，首尾呼应，水到渠成，适可而止。"重在转化、贵在拓展"是结束部分策略的精髓所在。从顺应幼儿生理、心理机能发展的特点来看，结束部分所使用的策略要具有"恢复功能"，能使幼儿从相对疲劳、处于保护性抑制状态中逐步恢复到相对松弛、舒适的"低唤醒状态"。常用的结束部分的策略主要有以下几种：

1. 游戏方式结束

这是最为常用和适用范围最为广泛的结束方式。游戏形式为幼儿所喜爱，且幼儿的身心发展特点决定了幼儿在学习活动中容易疲劳，因而在一些旨在让幼儿巩固加深或者迁移所学内容的教育活动的结束部分，常采用此种方式。

2. 评价方式结束

评价主要是将活动情况，如知识技能的掌握情况、学习行为、个性品质培养与发展的情况等反馈给幼儿，让幼儿的优点或者不足能及时地得以巩固或者改进，以利于幼儿身心更好地发展。总结评价工作可以由教师、幼儿或由两者共同来承担。如在艺术活动、语言活动中常用此种方式结束。

3. 小结归纳方式结束

小结归纳旨在让幼儿对整个活动所涉及的应该掌握的知识或技能有个较完整的认识。教师用简洁的语言将活动的内容和主题进行总结归纳，内容简明扼要、突出重点。

4. 表演方式结束

为使幼儿对整个活动内容有更深层次的理解体验和感受，教师常用表演的方式来结束活动。这种结束方式常用于幼儿园艺术教育活动中。例如，中班美术活动"有趣的脸"结束部分，教师以请幼儿戴上自己设计的有趣面具参加假面舞会的形式结束。

5. 自然方式结束

一般在活动过程的进行中无须再另外设计一个专门的结束方式，而直接用简短的语言作简单的交代来结束该活动。这种结束方式看上去顺理成章，水到渠成，似乎不称其为策略，但是，这种结束策略却是要建立在教师精心设计整个活动内容及结构、准确把握活动节奏、环环相扣、层次推进的基础上，才能有效达到预期的活动目标，从而自然结束。例如，在大班数学活动"10以内的倒数"中，教师创设了带领幼儿参观科技馆的情境，通过过马路、等红绿灯、乘坐电梯去科技馆、观看火箭发射视频、设计通关密码等环节，让幼儿在情境中感知学习10以内的倒数，最后教师以从10楼乘坐电梯回幼儿园的形式自然而然地结束活动。

在结束部分，要考虑到不同活动领域的性质及年龄、班级差异等因素。例如，美术活动一般以欣赏评价幼儿作品结束；数学活动常常以游戏或者操作方式结束；幼儿文学作品教学活动常以表演方式结束等。即使是同一领域同一活动类型，结束部分也存在着明显的年龄差异，如看图讲述，小班常以示范小结方式结束，中大班则常以讲评幼儿的讲述情况的方式结束。

思考与练习

1. 根据幼儿教育课程实施的要点，谈谈你对课程实施的看法。
2. 教师实施课程需要做好哪些准备？
3. 课程导入环节的一般策略有哪些？
4. 课程基本部分的一般策略有哪些？
5. 课程结束部分的一般策略有哪些？

操作实训

1. 到幼儿园观摩一节课。课前通过查阅教师教案，课后通过与授课教师的交流和借助你自己的听课记录，评定这节课属于课程实施哪一取向类型？并评价其效果。

2. 最近任课教师反映，班级幼儿活动结束后，小朋友们总是丢三落四，不能把活动材料收集整理好。请你从课程实施的途径的角度，设计一个解决小朋友们活动后对自己的活动材料不负责习惯的课程方案。

第七章

幼儿教育课程评价

课程评价是课程系统工程的重要组成环节，它伴随课程的实施过程而进行。通过课程评价，可以判断课程设计是否科学合理，课程实施过程是否有效。经过评价，如果判断所实施的课程具有较大的价值，那么，它就可以被肯定并保存下来。否则，就须对其存在的问题进行分析，并设法予以修订。课程评价既涉及对课程目标、课程内容、课程过程、形式与手段、环境与材料以及课程效果等的评定，也涉及对教师和幼儿的评价，是一项复杂、多元和挑战性的工作。

第一节 幼儿教育课程评价的含义与特点

一、幼儿教育课程评价的含义

幼儿教育课程评价，是指根据幼儿教育培养目标对幼儿教育机构实施的课程及其效果进行科学的判定，以便为幼儿教育机构课程的改进做出有依据的决策的评估工作。幼儿教育课程评价主要体现为两个方面：一是课程的设计实施是否合理；二是课程是否有效，幼儿是否取得了发展。

幼儿教育课程评价的意义：

第一，有助于教育目标的实现。教育目标具体化为课程目标，对课程起导向和监督作用，同时又是课程评价的标准。课程活动必须始终朝着既定的课程目标前进。

第二，有助于发挥课程诸要素的整体协调作用。为了使课程达到预期目标，教师必须对课程设计和组织的影响因素实行适时的调节控制，实施最优设计与组织，使其处于最佳状态。而调控必须建立在有组织、有计划地收集信息、分析信息和利用信息的基础上，课程评价恰好具有这一作用。

第三，有助于选择和建设最佳课程方案。课程评价的目的就是评价课程的优劣，并通过比较分析找出存在的问题和不足，从而进一步去改进和修正它，使之成为最优设计和最佳选择。

二、幼儿教育课程评价的特点

由于幼儿的年龄特点和教育要求，幼儿教育课程评价具有以下特殊性：

（一）评价的目的是创设适合儿童的教育

传统的教育评价主要是对儿童进行各种智能测验，希望通过测验发现某一年龄阶段的儿童能做什么，进而提出这一年龄阶段的儿童主要做什么，注重的是评价的鉴定功能，其目的是选拔"适合教育的儿童"。有选拔，就意味着有淘汰。如果将评价重点放在"鉴定儿童"上，教师往往难以正确认识儿童发展的个别差异，很容易对当前发展中存在问题的孩子失去信心，甚至放弃对他们的教育，这就造成了教育机会的不平等。

现代幼儿教育课程评价的目的则强调评价的诊断和改进功能，即通过评价发现问题，改进工作，创设"适合儿童的教育"。这表现在两方面：其一，通过评价，掌握课程系统的整体运行状况，从课程的影响因素、课程的结构、课程类型等方面进行宏观调控，以使课程更适合儿童的发展；其二，通过评价具体的课程活动，检测课程的目标、内容、方法是否有效，检测幼儿的发展水平。针对评价中出现的问题，采取有效措施进行教育，如根据幼儿发展水平、个性特征、兴趣爱好、学习方式等方面的个人独特性，提出不同的教育要求，采取不同的教育方法等。

（二）评价内容贯穿于幼儿一日生活中

幼儿教育课程内容包括五大领域：健康领域、语言领域、社会领域、科学领域、艺术领域。这说明，幼儿教育课程不仅仅是指幼儿园的教育活动，还包括在园的日常活动和学习环境。幼儿教育活动是实现教育目标的主要途径，是有目的、有计划地引导幼儿主动活动的、多种形式的教育过程，是幼儿教育课程评价的主要内容。幼儿园日常活动包括入离园、餐点、盥洗、如厕、午睡、活动的转换等。幼儿园的教育目标有很多是通过日常生活完成的，尤其是幼儿的各种生活、卫生习惯和社会性行为规范的养成，更离不开日常活动。可见，幼儿在园的一日生活应该成为教育的重要途径，这也是幼儿园与中小学教育的重要区别之一。

环境的教育影响是潜在的，无形的。创设什么样的环境，就会引发相应的行为模式。我国《幼儿园工作规程》中明确强调"创设与教育相适应的良好环境，为幼儿提供活动和表现能力的机会与条件"。可见，幼儿教育课程评价的内容是全方位的，既要重视教育活动，也应重视日常活动和学习环境。

（三）在评价的方法上，重视定性与定量的结合

在评价发展的早期阶段，即学前教育测验阶段，人们主要是用客观、量化的方法对儿童发展进行评价。由于这种评价有较严格的程序和指标，评价结果不依评价者的主观意志为转移，似乎很公正。所以，在评价早期，定量的方法或客观评价方法备受人们的青睐，相当多的人认为只有客观的、量化的方法才是科学的方法。随着教育评估活动的不断普及和深入，特别是随着人们对课程理论的深入探讨，人们越来越清楚地认识到，幼儿教育课程是个极其复杂而多样的系统，幼儿发展水平又受到多种因素的影响和制约，所以，片面追求用客观的、量化的方法进行评价，往往失之片面。因此，近年来，在幼儿教育课程的评价上，人们非常重视定性评价方法的运用，特别是由于幼儿年龄特点和教育要求与中小学学生明显不同，问卷、测验等量化的方法不宜多采用，所以，观察法、访谈法等定性评价的方法，就成为幼儿教育课程评价的主要方法，并力图在评价中将定量的方法与定性的方法结合起来，综合运用。如可以通过测验、访谈等，搜集幼儿发展的信息，用观察、比较分析的方法评价课

程的目标、内容、方法、师生互动情况等，将以上内容结合起来就形成了对幼儿教育课程的整体评价。

（四）评价主体上，教师既是评价的对象也是评价的主体

幼儿教育课程主要是由教师设计和组织实施的，教师的教育观、儿童观、课程观，教师的职业素养、教育技能等必然渗透于课程之中，表现在课程活动上，所以，幼儿教育课程评价实际上也是对教师的评价。从这一点说，教师是评价的对象。但随着现代评价理论的发展，人们逐渐认识到，仅仅依靠外部评价是不够的。为了充分发挥课程评价的整体功能，教师应该成为课程评价的主体。理由有三：第一，教师作为评价主体，可以充分发挥积极主动性，使教师在毫无精神负担的情况下进行此项工作，并从实践中亲身感受到评价对改进工作、提高自身素质的益处。第二，教师作为评价主体，可以保证课程评价经常持续地进行。教师在设计实施每一次课程活动时，都可以自觉地进行评价，及时了解和发现问题，并积极改进工作。第三，教师作为评价主体，可以更好地运用定量与定性相结合的方法。教师每天与幼儿生活在一起，并可以方便地采用观察、访谈等方法，搜集各种信息，能够保证评价的客观性和真实性。教师之外的任何人都难以做到这一点。

三、幼儿教育课程评价的作用

幼儿教育课程评价可用于三个方面：一是对课程方案本身的评价；二是对课程实施过程的评价；三是对课程效果的评价。对幼儿教育课程的每一种评价都可能涉及这三个方面，只是其侧重点有所不同。

对课程方案本身的评价，主要是考察和评定幼儿教育课程所持有的基本理念以及所强调的主要价值取向是否与幼儿园所在的社会文化背景相契合，是否与幼儿教育实际状况相契合；考察和评定幼儿教育课程的目标、内容、方法和评价等的各种成分是否在课程理念的统合之下形成一个协调的整体，并发挥其总体的功能。

对课程实施过程的评价，主要是考察和评定课程实施过程中的诸多动态因素，如师生互动的质量、幼儿和教师在课程运行过程中的态度和行为，幼儿园环境创设和利用，以及动态变化中的各种因素之间的关系，等等。

对课程效果的评价也是课程评价的一个重要功用。课程效果，有的是显性的，有的是隐性的；有的是长效的，有的是短效的；有的是预期的，有的是非预期的。对课程效果的考察和评定，会涉及什么是效果以及如何衡量效果的问题。

第二节 幼儿教育课程评价的主要内容

幼儿教育课程评价主要包括两大方面，即从教师角度出发的对编制与指导有效性的评价和从幼儿角度出发的对课程参与有效性的评价。主要涉及的评价内容有课程目标、过程、方法、环境创设以及幼儿活动的参与态度、认知发展、动手操作能力、社会性交往等方面。

（一）对幼儿学习的评价

从幼儿学习出发的评价，对幼儿参与课程活动状态的关注主要涉及6大方面：情绪状态、注意状态、参与状态、交往状态、思维状态、生成状态。因此，对课程实施过程中幼儿

的"学"进行的评价可以包括以下几方面的内容:

(1) 幼儿对课程活动的参与度。主要评价在课程活动的进行过程中幼儿的注意力集中程度,在学习、探索以及表达表现活动中的积极性、自主性、能动性程度等。

(2) 幼儿的情感态度。主要评价幼儿在课程活动过程中的情绪状态,包括在活动中表现出来的学习态度、情感、语言、动作等。

(3) 幼儿的学习方式。主要评价幼儿在课程活动中所表现出来的学习风格以及采用的倾向性学习方式和策略,包括其学习方式的多样性、个别性、独特性程度和表现。

(4) 幼儿在课程活动中的互动程度。主要涉及对幼儿在课程活动过程中与他人(幼儿和教师)互动交流状况的评价,包括活动中与他人的合作交流与互动的次数、形式以及有效性等方面。

(5) 幼儿在课程活动中的能力。主要评价课程活动中幼儿在能力发展水平上的表现和反应,包括活动中的语言表达能力,敢于提问、经验迁移、分析判断等思维发展能力,动手操作能力以及创造性表达能力等。

(6) 幼儿的学习习惯。主要评价课程活动中幼儿对学习、探索活动的坚持性,克服困难的勇气和毅力,善于倾听他人、接纳他人意见以及与他人友好合作、交流协商等方面。

以上几个方面的评价内容,可以以量化等级的评定方式显现在"课程活动评价记录表"中,与以评价教师为主的对课程目标、内容、环境材料、方法等的评价一起,共同构成一份比较完整而全面的评价表(见表7-1)。

表7-1 幼儿教育课程定量评价记录表

评价项目	评价指标	评价意见			
		好	较好	一般	差
幼儿	参与度				
	情感态度				
	互动情况				
	能力表现				
	学习方式				
	学习习惯				
教师	活动目标的设计				
	活动环境材料的准备				
	活动内容的预设				
	活动的组织与指导				

(二) 对教师"教"的评价

从教师的角度来评价课程,主要内容包括课程目标、内容、方法手段、组织形式、资源利用、环境创设等。

1. 对课程目标的评价

对一次课程目标的评价主要包括目标的表述方式、表述内容、表述指向等方面。

（1）统一性。由于课程实施的效果是通过对幼儿活动表现和结果的判定而得以显现的，因此，课程目标无疑具有检验、导向和指导的作用。在目标的表述上，有从教师角度表述目标的，也有从幼儿角度表述目标的，在一次课程活动中应用一种角度的表述方式。

（2）整合性。课程目标的整合性首先是指一个领域的目标在多个领域或活动中的体现，如语言领域的发展目标在社会或艺术、科学领域活动目标中的整合；同时，课程目标的整合性还表现在一个领域的活动中包含多个领域的发展要求。如在以语言领域为主的活动中也包含有社会领域的目标。此外，目标的制定应当放在一个更广泛、更全面的背景下，既要体现和落实某个领域方面的重点目标，同时也要考虑和体现与活动内容有着显性的密切关联的或是隐性的关联的其他领域目标，如在情感、社会性、认知、个性等方面的目标。

（3）针对性。目标的针对性是指课程目标要符合幼儿的年龄特点和班级幼儿的实际发展水平，根据幼儿整体、群体、个体的不同发展水平和需要，充分考虑到幼儿的普遍性和差异性，体现因材施教，并贴近幼儿的"最近发展区"。可以从目标是否关注幼儿的实际生活，与幼儿的生活经验以及实际发展水平相联系着手。

（4）操作性。操作性是指课程目标应当是具体、明确的，可操作的，便于教师和评价者的观察、鉴定和评价。

案例　　　　　　　　　　　"看挂历"（大班）

目标：

①了解挂历与我们生活的关系，知道挂历上一些数字所代表的意思，尝试用比较清楚的语句表达自己的想法。

②感受新年到来的快乐，产生自己制作挂历的意愿。

以上课程目标具有比较明确的操作性和指向性，不仅能够使评价者根据上述"了解挂历与我们生活的关系""知道挂历上一些数字所代表的意思"等指向性目标来判定儿童达成目标的程度和效果，而且还能促使教师通过对教育教学过程中儿童语言、行为、态度等多项反馈的观察与反思来加强和促进活动的有效性。

2. 对课程内容的评价

以《纲要》为依据，对课程内容的评价可从以下几方面着手：

（1）适宜性、有效性。

评价课程内容是否具有适宜性和有效性是指课程内容是否依据课程目标，是否符合幼儿的年龄特点，是否尊重幼儿的学习兴趣和需要，并能从幼儿的角度来选择孩子喜欢的、感兴趣的内容。此外，适宜性、有效性还体现在课程内容选择的难易程度以及重点确立等方面是否符合小、中、大班不同幼儿的认知水平，能够有利于幼儿更好地获得新的知识经验以及获得适宜性的发展（见表7-2）。

从表7-2不同年龄班课程主题内容的设计来看，教师在课程内容的把握上较好地体现了适宜性。它既表现在与幼儿的年龄特点相适宜、与幼儿的生活经验相适宜，也表现在与幼儿的表现和表达方式等相适宜。

表7-2 "我爱我家"主题活动内容

活动名称 评价要点	小班 "我来做爸爸妈妈"	大班 "我为妈妈买××"
教师设计的出发点和思路	小班幼儿是怎么爱爸爸、妈妈的?他们最关注、熟悉爸爸妈妈的是什么?根据小班幼儿的年龄特点,通过情景创设,在情景游戏中再现对爸爸、妈妈的认识,获得语言、情感、认知等方面的整体发展。	大班幼儿已经能从生活中一些细小事件中感受"妈妈是怎么爱我的"。采用调查的方式可以让大班幼儿获得直接经验,提高做事的目的性、坚持性以及责任心。
内容安排	1. 创设娃娃家情景。 2. 让幼儿在"娃娃家"的情景中看看说说。 3. 在自主地穿戴、装扮中满足体验角色的需要。 4. 巩固对爸爸妈妈不同用品的认识。 5. 在情景中学念"顺口溜"式的儿歌短句。 6. 从中获得语言的模仿与创造性发展。	1. 幼儿进行为期一周的观察记录。 2. 观察记录的内容是"每天6:00—8:00妈妈为我做了哪些事",在此基础上进行集体交流活动。 3. 开展"用10元钱我为妈妈买什么"活动。 4. 请幼儿想一想、说一说妈妈最需要什么、妈妈喜欢什么、妈妈缺少什么。 5. 幼儿到超市为自己的妈妈选择喜欢的、合适的物品。

(2)针对性、挑战性。

课程内容具有针对性和挑战性是指能够从不同的课程内容(或学科领域)特点出发,既突出内容的专门化、个别化,也体现内容的综合化。即评价教师能否把握住各领域中幼儿关键经验以及应该获得的基本经验,同时在关注幼儿的现实生活经验的基础上,对幼儿已有的经验进行整合,使课程内容更体现出挑战性、针对性,能促进幼儿在"最近发展区"的水平上实现经验的提升。

例如,在大班"我的本领大"主题活动中"我会用工具"是教师预设的一个活动内容,教师在区角活动中投放了一些常用小工具让幼儿进行个别化的自主探索活动,使幼儿初步积累了一些使用小工具的经验。但是这些探索是个体的、局限的,有的幼儿甚至还不太会操作,有的幼儿碰到困难后就退缩了。由此,教师设计了"厨房小工具"这一集体教育活动。由于这是一个侧重认知学习、动手操作类的学习活动,教师预设的活动内容主要有三个方面:"说说我知道的小工具""什么时候需要用小工具""这是用什么工具做出来的"。这三个内容的安排使幼儿在分享交流、观看录像中,感受同一食品(萝卜)在运用不同工具制作后产生不同效果的"神奇",以此进一步激发大班幼儿继续动手探索的兴趣。

可见教师的预设是从内容如何源于幼儿生活经验又能够挑战幼儿的认知结构着手的,在内容的设计中能够分析与思考哪些是孩子已经认识的厨房工具、哪些是孩子比较陌生又充满好奇渴望了解的厨房工具、哪些是孩子可以自己操作直接体验认识的厨房工具、哪些是可以通过成人的演示来间接认识的厨房工具等,在此基础上安排的内容对幼儿来说就具有针对性、挑战性,能够促进幼儿的有意义学习。

(3)多元性、整合性。

课程内容的多元性、整合性是指教师对课程内容的设计安排能够体现将各领域的关键经验进行有机的、自然的整合，同时亦体现将某些发展领域中的内容围绕某个主线（某个领域），结合其他领域方面统整到某一主题中。这种整合在内容上各领域彼此间是有内在关联并由逻辑主线贯穿的，它是一种自然而有效的整合。

如在大班"夸夸南京路步行街"（上海市）活动中，活动的主线是一个涉及音乐领域的内容，让幼儿尝试为歌曲配上富有节奏的语言旁白以进一步表达对南京路步行街的喜爱与了解。这样的课程内容既有音乐素质的节奏练习，又有规范语言的模仿与创造，更有爱家乡、爱上海、爱自己居住环境的美好情感的熏陶和培养。又如在小班"洗澡真开心"活动中，活动的主线是认知科学领域方面的内容，教师在设计中通过情景渲染、动作模仿，让幼儿认认说说自己身体上主要部位的名称，了解一些常用的、熟悉的沐浴用品的名称，交流它们的不同用法等过程内容，同时，也自然带动了幼儿愿做一个"香喷喷"宝宝的愉快情绪情感体验。可见，这样的课程内容设计不仅整合了幼儿已有的生活经验、认知经验，而且能够在自然、多元的整合中进一步带动、丰富和加深幼儿的情感体验。

（4）自然性、开放性

在幼儿教育课程"回归自然""回归生活"的大背景下，课程内容也不再仅仅强调学科体系知识的严密性、逻辑性、完整性，不再只是强调知识的量和深度，而是更强调学习内容的广度和连接点，强调将学习内容与幼儿的多方面经验结合在一起，使新知识、新概念的形成建立在幼儿现实生活的基础上，强调将幼儿现实生活中的内容演绎为课程内容，从而引发幼儿愉快地、主动地、创造性地、有效地学习。

在小班"我来做爸爸妈妈"主题活动中，活动内容有：抱娃娃、和娃娃说话、给娃娃喂饭、感知歌词内容、欣赏歌曲表演、体验与创编歌词。活动中，幼儿扮演爸爸妈妈的兴趣与进一步感知、体验、认知、艺术表现糅为一体，这样的内容比较符合小班幼儿具体形象的思维特点，符合小班幼儿整合式、情景化、动作化的学习特征。

在小班集体活动"好吃的冷饮'八次方'"中，活动内容包括认识盒子、猜猜这是什么盒子、装的是什么样子的冷饮、辨认形状和数数盒子里有几块冷饮、小组一起品尝、一盒冷饮怎么分、说说口味、习惯养成。教师巧妙地将辨别形状、数数、数包含、品尝感知、行为习惯的教学内容有机地融合在活动过程中，这样的内容安排既是整合的，也是与幼儿生活经验背景相适应的、可以自然地不断生成和深化的。再如在"蜗牛的屎"教学中，教师预设的问题是"蜗牛的屎是什么颜色的"，然后请幼儿给蜗牛喂不同的食物（红番茄、白菜、青菜、泥土），经过观察蜗牛的屎后，师生共同讨论然后得出结论。这样的学习内容对幼儿来说具有自然性、开放性，因为最终得出的结论也并非完全整齐划一的，而是开放而多样的。

3. 对教育教学方法的评价

一定的课程内容只有借助于适当的教育教学方法才能够更好地为幼儿所接受，促进幼儿新的发展。教师教育教学方法的有效性主要表现在教育活动方法的适宜性、有效性方面：

（1）适宜性。

适宜、有效的教学活动是通过教师的教学方式来体现的。在教学方法选择上应该遵循以下原则：

①根据教学目标选择教学方法。每种教学方法都可能有效地达到完成教学目标的某一内容。哪一种方法最易达到预期目标，符合儿童的年龄特点，它便是好的方法。

②依据儿童心理特征与认知特点。教师应依据儿童思维发展的行为式—图像式—符号式三个阶梯，选择相应的方法。

③考虑学科性质和教学情境。要善于分析各学科的性质特点，在此基础上选择与之相适应的教学方法；根据不同的教学情境，采取适宜的渲染、烘托等手段，充分发挥教学方法为完成教学内容服务、教学内容为达到教学目标服务的作用。

例如，在托班"小刺猬背果子"活动中，教师采用了情景游戏法组织幼儿学习，在小刺猬背果子中感受了"多"与"少"，比较着"大"与"小"。在小班"拉小车"活动中，教师运用课件观赏法引导幼儿学习儿歌内容。在中班"神奇的树"活动中，教师采用观察想象法来引导幼儿在问题情境中学习，了解神奇的树在不同季节里的变化。在大班"小兔逃跑"活动中，教师则用阅读表演法来帮助幼儿感受理解故事内容，使幼儿在看看说说与表演体验中感受着小兔与妈妈之间的浓浓亲情。

（2）有效性。

评价教师的教育活动方法是否体现有效性，可以从以下几方面着手：

①对幼儿经验的提升。"经验"即经历、体验，泛指由实践得来的知识或技能。对于幼儿来说，经验作为一种从其个体发出的感性认识活动，它不仅仅指认知经验，也包括在情感、技能、合作交往、学习方式等方面的经验。因此，在集体教育活动中，教师在选择和运用谈话、情景体验、发现、讨论等教学方法时就应当结合恰当的教育时机，帮助幼儿梳理、整合、提升与拓展经验。

②对提问策略的把握。评价教师提问的有效性表现在：提问形式的多样性、灵活性及提问使用的目的性、艺术性上。此外，评价教师的提问还包括评价教师是否将"疑"字引入教学过程，善于启发幼儿的积极思维及主动活动。

4. 对教育活动环境材料的评价

课程实施是在教师一定的目标和内容预设前提下进行的活动，其中，对环境和材料的创设是很重要的一个方面。因此，对教师"教"的评价，活动环境材料的创设是不可或缺的一项评价内容。

（1）相宜性、启发性。

教师对活动环境和材料的创设与提供，首先必须与活动的目标定位、内容主题相适宜，即环境和材料的设定是能够为目标的达成和内容的学习与体验所服务的。其次，相宜性还表现在环境与材料的呈现方式是与幼儿的年龄特点和主题内容相吻合的。

例如，在"教师节，老师、阿姨在干什么"的主题活动中，教师创设了"看录像"的环境，通过这一环境可以让小班幼儿更真切地感受和了解到当自己在午睡时，老师正在为自己盖毯子；当自己在做游戏时，厨房阿姨正在汗流浃背地烧饭……这样的环境设计不仅符合小班幼儿具体形象的认知特点，也能够帮助他们加深对主题内容的理解和感受，体会到老师、阿姨对自己的关心以及她们工作的辛劳。

（2）多样性、开放性。

随着现代化教育手段和多媒体课件的广泛运用，教师可以尽可能地调动和布置多种资源和环境，更多样而开放地设计和使用环境与材料。一般说来，当学习内容较远离幼儿生活经验或背景时，教师可以利用录像、课件展示实际生活的真实情景，以丰富幼儿的生活经验，进而拓展能够共同交流的话题，进一步引发幼儿表达、表现。而当学习内容贴近幼儿生活或预知大部分幼儿有相关经验背景时，教师则可以利用照片、图画等平面环境布置来引发幼儿对已有经验的回忆，进而推动幼儿进行大胆自主的分享交流以及更进一步的问题探究。例如，在"我长大了"主题活动中，教师布置了一组幼儿小时候的照片、物品、绘画作品等环境，借助这些环境和材料来激起幼儿的回忆交流，引发幼儿讨论"我的本领从哪来""我还想学会什么本领"等。

此外，幼儿园教育活动的组织有其空间形态和时间流程。如果说空间形态的建构主要表现在教育活动形式上，那么，时间的控制则主要表现在对教育活动过程各个组成部分的安排序列上。在幼儿教育课程设计中，根据幼儿的年龄、活动目的、内容、参与活动人数的不同，可以采用不同的组织形式，可有集体活动、分组活动、先分组后集体或先集体再分组等不同形式；从活动空间来说，或室内或室外；从儿童活动的场地设置来看，可以是马蹄型、自由结伴型、秧田型、直条型，等等。这些安排的关键在于哪种形式最能符合幼儿本次学习的特点与要求，能够既有利于目标的达成，又保证信息渠道的多元、畅通和快捷，能够把信息在传递过程中的流失量控制在最小范围之内。

第三节　幼儿园教育评价的基本过程

每一项评价都是一个回答问题、解决问题的过程。根据不同的目的，评价的过程内容和复杂程度可有所不同。但一般而言，每一项评价都要经历准备、实施和结果3个阶段。一般来说，幼儿园教育评价包括确定评价目的、设计评价方案、评价资料的收集和评价结果的处理、评价结果的反馈等步骤，以及与之相关联的特定的工作内容。

一、确定评价目的

每一项评价指标都以特定目的为出发点。评价过程中的一切活动和所付出的努力，都必须紧紧地围绕其目的，否则将导致精力、财力浪费，或使评价达不到预期成效，反而产生某些负面影响。评价之前，必须首先明确评价的目的与性质，其中主要涉及三个方面的问题：（1）为何评价，当前评价的直接目的是什么？（2）由谁评价，评价的主体是谁？（3）评价什么，评价的具体内容与对象是什么？

二、设计评价方案

评价方案是依据一定的评价目的和目标，对评价的内容、对象、范围、过程、方法和程序等加以计划和规范的书面文件，是整个评价工作的总体结构与工作计划，是评价工作的关键性指南。具体而言，评价方案的设计主要包括以下各项工作：（1）明确评价所依据的目标。（2）设计评价指标体系。（3）确定收集评价资料的方法和步骤。（4）准备评价记录表格与文件。（5）根据资料性质与特点选择处理和分析评价资料的方法。评价方案还应包括评价项目的人员配备、费用预算、完成各阶段任务的时间表等。

三、评价资料的收集

在收集评价资料之前，应做好相应的组织准备，如确定资料采集人员，聘请有关专家做指导，或成立专门的评价委员会机构。评价者应向有关人员进行宣传动员，宣传可以通过座谈会和讨论会等多种形式进行，主要是解释评价的意义和目的，并指导人们正确地看待评价工作和结果。收集评价资料的工作应按已制定好的方案进行，并注意对足以影响形成准确判断的各因素加以尽可能有效的控制。

评价工作需对各项指标进行科学而简便的评分，一般应严格按照方案中规定的评价方式和要求，对照标准谨慎地执行评定或评分。在获得评价资料之后，应迅速而准确地汇总与整理资料以便及时分析和处理评价结果，汇总材料应按材料项目分类归档。

四、评价结果的处理

评价人员应采用适宜的定量评价或定性评价相结合的方法，全面认真地分析全部资料之后，形成对评价对象的综合性判断，做出评价结论。评价结果处理和结论的形成应以评价目的为根据，并应慎重而合理地检查与限定本次评价的效度与信度，以便修正结论或改善未来相似的评价方案。根据评价结论，还可分析与诊断当前学前教育工作中的问题与不足，把有关的重要信息纳入评价报告，反馈性地指导学前教育的改革决策，或有的放矢地调整教育计划，进行个别教育，等等。最后应该由专人写出评价工作的总结报告材料。

五、评价结果的反馈

评价是为了更好地促进工作，所以做出评价结论之后应该把评价结果以恰当的方式反馈给相关人员。评价者要向相关人士提供某种形式的书面报告或鉴定。评价者在制定评价方案时就应当确定主要报告对象，针对主要对象描述评价问题，制定结果的操作定义，推敲、斟酌及修改问题和操作定义。

小结：任何一项有价值的幼儿园教育评价，都是一项复杂的系统工程，需要进行细致而周密的规划、实施和处理。在了解以上评价工作的一般过程的基础上，评价者应对每一步骤进行认真的设计和实施，才能达到预期的评价目的。

第四节　幼儿教育课程评价的方式

依据不同的标准，幼儿教育课程评价可以有多种不同的分类方法。根据评价的作用性质，幼儿教育课程评价可分为形成性评价和总结性评价；根据评价关注的焦点，幼儿教育课程评价可以分为内部评价和结果评价；根据评价的方法，幼儿教育课程评价可分为定性评价和定量评价。每一种评价类型和模式都有其适用的条件和前提。幼儿教育课程的评价，相对来说是一个涉及对更具体、更微观层面的现象、个体或群体所做的评价，因此，在一般情况下比较显见和常用的评价方式及一般方法有以下几种类型：

一、形成性评价和总结性评价

1. 形成性评价

幼儿教育课程的形成性评价是指在幼儿园课程实施过程中，对过程中所表现出的各种现象进行评价，也叫过程评价。它的作用在于诊断课程，为使课程调整和改进得更为合理、完善提供信息。同时可以优先预测教育的需要。形成性评价可以用在课程的编制阶段，也可用在课程的实施阶段。形成性评价体现了人们对课程运作过程的动态把握，具有行动研究的需要。

2. 总结性评价

总结性评价是一种对课程实施以后获得的实际效果进行验证的评价方式，旨在获得所实施幼儿教育课程质量的"总"情形的评价。总结性评价一般只涉及课程实施的结果，不涉及课程实施的过程，是事后的评价。

二、定性评价和定量评价

1. 定性评价

定性评价是评价者用语言文字作为收集和分析评价资料、呈现评价结果的主要工具的评价方式。"定性评价来自于社会学和人类学的传统，强调对现象的描述、解释和归纳，具有人文主义的价值判断倾向。"

幼儿教育课程定性评价就是指幼儿教育工作者利用问题调查、观察和访谈等方法，了解课程计划的实施情况，并利用所获得的资料对课程方案、课程实施及效果进行评价。

2. 定量评价

定量评价是评价者收集被评价对象的数量性的实证信息，用数量化指标来显示评价结果的评价方式。"定量评价来自于自然科学和心理学的实验传统，强调实证的求知方法，以评价结果为焦点，力求精确地测量资料，强调评价的可靠性和推断性，具有科学主义的价值判断倾向。"

幼儿教育课程的定量分析就是指收集定量的材料，对材料进行科学的分析和比较，并在此基础上做出有关幼儿发展状况、幼儿教育课程计划和实施情况等评价。

三、正式评价和非正式评价

1. 正式评价

所谓正式评价，是指评价者富有计划性、目的性和针对性实施的评价，一般往往是采用量化的方式来进行的。体现在幼儿园工作中，多表现为上级行政部门、幼儿园管理层根据一定的目的和计划而开展与实施的评价，常见的有各个层次（园内或园间）的教学活动评优等，一般采用量化和等第或分数式的评价表（见表7-3、表7-4、表7-5）。

表7-3 幼儿教育课程评价表（等第）

_____幼儿园 _____班 活动名称_____ 执教教师_____

	评价要点	评 价 等 级			
		优	良	中	差
目标	年龄适宜性				
	具体操作性				
	整合可行性				
	实际达成度				
内容	适宜年龄班				
	与目标一致				
	科学合理性				
	自然生活性				

续表

	评价要点	评价等级			
		优	良	中	差
方法 （手段）	环境材料适宜				
	灵活多样整合				
	实效性				
教师	讲解的有效性				
	策略的适宜性				
	评价的全面性				
	个别的关注度				
幼儿	投入程度				
	互动机会				
	适度挑战				
	习惯态度				
总体					

评价者：　　　　　　评价日期：

表7-4　幼儿教育课程评价表（等第）

　　　　幼儿园　　　　班　活动名称　　　　执教教师　　　　

项　目 \ 等　第		评　价　等　级			
		好	较好	一般	差
教学目的	明确度				
	整体性				
教学内容	综合性				
	指向性				
教学方法	科学性				
	恰当性				
	针对性				
	合理性				
教师基本素质	组织能力				
	教学环境创设				
	教学民主				
	教学技能				

续表

项目＼等第		评价等级			
		好	较好	一般	差
幼儿即时表现	情意态度				
	学习习惯				
	认知水平				
总体评语					

评价者：　　　　　评价日期：

表7-5　幼儿教育课程评价表（量化）

　　　　幼儿园　　　　班　活动名称　　　　执教教师　　　　

评价项目＼分数	评价结果			
	10~8（分）	7~5（分）	5~3（分）	3~1（分）
教学环境				
教学目标				
教学内容				
教学过程				
教学方法				
教学手段				
师生互动				
学生主动性				
教学特色				
总体评述				

评价者：　　　　　评价时间：

2. 非正式评价

非正式评价通常是指发生在教育教学过程和特定活动情境中的，不自觉地进行着的对学习者的行为语言以及教学活动现象或事件等的观察和评定，它是教师在与幼儿日常接触及互动过程中通过不断地了解幼儿，进而形成对幼儿的某种判断与反馈的一种评价方式。这种非正式评价一般很难量化，具有较大的主观性和隐蔽性，但教师非正式评价的目的也是更好地了解学习者的需要、学习风格、认知特点等，以帮助和促进幼儿的学习。同样，在教育活动过程中，这种非正式评价有时也会发生在幼儿身上，并反过来对幼儿的学习和学习氛围产生一定的影响。如幼儿对教师的非正式评价是积极的，那么，无疑将会促使幼儿对学习的积极心理和强烈的内部动机，促进幼儿与教师的交流和互动，有利于营造平等而和谐的学习环境和氛围。在幼儿园教育活动中，教师作为评价者采用非正式的途径对活动中评价信息的收集也是十分常见且极其有意义的一项工作。

四、幼儿教育课程评价的方法

幼儿教育课程评价的方法一般包括测验法、观察法、谈话法、问卷调查法和档案袋评定法等。

1. 测验法

测验是对幼儿身体、认知、语言、社会性发展等方面的测量。它是幼儿教育评价的一种重要工具，主要包括标准测验和教师自制测验两大类：

（1）标准测验：是专门组织人力、物力，由教育专家制定的测验。比如，比纳的智力量表。

（2）教师自制测验：在幼儿教育评价中，教师为了了解本班幼儿在某些方面的发展情况，可以自制一些测验题目，对评价对象进行测查。例如，要评价幼儿对形状与数概念的理解能力，教师可在幼儿小组或个别活动时，出示相关材料，有目的地对幼儿进行测试和提问，记录幼儿的反应，并做出评价，如表7-6所示。

表7-6 "形状与数概念理解能力"测试表

评价项目	测试内容	结果记录		
		能	不能	日期
按名称指出图形	圆形			
	正方形			
	三角形			
	长方形			
正确说出形状的名称	圆形			
	正方形			
	三角形			
	长方形			
做出一一对应反映	2个物体			
	3~5个物体			
	6~10个物体			
	10个物体以上			
口头数数	从1~10			
	从1~20			
	20以上			
	50以上			
理解概念	大小比较			
	长短比较			
	高矮比较			
	宽窄比较			
……	……			

2. 观察法

观察法是评价者根据评价对象的特点和指标内涵的要求，有目的、有计划地在自然状态下（自然观察法）或控制条件下（试验观察法）观察评价对象并获取评价信息的方法。观察法主要是听和看，可充分利用录像机和照相机等仪器作为辅助工具。观察法适用面广，收集资料的机会较多。

一般来说，对教育活动的观察所运用的记录表可以有以下几种：（1）对教育活动的整体式观察记录（如表7-7所示）。（2）对教育活动的片断式观察记录（如表7-8所示）。（3）对教育活动中幼儿的个案式观察记录（如表7-9所示）。这些观察记录表所收集的信息可以使教师更多、更深入地了解活动中的儿童群体和儿童个体，并在自我反思和分析评价的基础上促进对其教育活动的指导。

表7-7 教育活动整体式观察记录表

记录者：

活动名称： 年龄班： 执教教师：					
观察项记录	学习环境的创设	学习内容的设定	学习兴趣的激发	学习过程中与幼儿的互动、回应	教学方法和策略的运用
教师					
观察项记录	活动兴趣及参与态度	认知能力与思维水平	社会性合作与交往	自主表现与表达	学习习惯（坚持性、注意力等）
幼儿					

表7-8 教育活动片段式观察记录表

记录者：

活动名称： 年龄班： 执教教师：			
教育活动	发生背景和环境	事件/行为/语言（幼儿或教师）	评价与思考
记录			

表7-9 教育活动个案式观察记录

记录者：

活动名称	
幼儿姓名	
性别	
观察与记录	
发生背景和环境	
指向或互动对象	
行为表现	
语言	
教师反思	

运用观察法必须注意：（1）观察前必须有明确的目的。观察者要明确自己的观察对象是什么，要怎样观察，明确观察的顺序，并且应事先准备好仪器、设备、记录表格等。（2）观察者可以事先与幼儿一起进行活动，以消除陌生感；在活动时，观察者的位置应与幼儿活动的范围保持一定的距离，以防止干扰幼儿正常生活。（3）观察时应避免主观因素，采用客观的记录方式，应用客观事实来说话。

3. 谈话法

谈话法是通过与评价对象面对面的交谈收集评价信息的方法。谈话法适用于了解评价对象的心理状态，它不受文字能力的限制。谈话时可以根据评价对象的心理适应状况，把人群进行分类，从而更深入地了解问题。

谈话法可以分为以下四种方式：

（1）直接回答的谈话：这是一种一问一答的谈话。谈话者把准备好的问题——提出来，提完一个，让幼儿回答一个。

例：让3~4岁幼儿回答教师提出的下列问题：

你叫什么名字？

你今年几岁了？

你的生日是哪一天？

你是男孩还是女孩？

……

（2）选择答案的谈话：谈话者把咨询的内容预先拟定成具体的选择题，以便被调查者选择。

例：让幼儿从班上所有幼儿中说出自己最喜欢的三个幼儿。

目的：评价全班幼儿社会交往能力的发展。

注意事项：可让回答问题的幼儿站到全体幼儿面前，把全体幼儿看一遍后再说，以避免幼儿遗忘同伴。如表7-10所示。

表 7-10　幼儿社交能力评价表

记录者：　　　　　　记录时间：

幼儿姓名	被提名次数	在全班排名情况

(3) 自由回答的谈话法：这种方法围绕着一个或几个问题进行回答，直到了解问题为止。

如：你最喜欢班上的哪个老师？
　　你为什么喜欢这个老师？
　　别的小朋友喜欢哪个老师？
　　他们为什么喜欢这个老师？

(4) 自然谈话的方法：这种谈话没有具体的顺序和问答形式。这种谈话可对意志、动机、信仰、感情、态度和意见等内在情况进行了解。

4. 问卷调查法

问卷调查法是由评价者根据评价目的，向被调查对象发放问卷调查表，广泛收集信息的一种方法。采用问卷调查法可以在短时间内获取大量的信息，但编制科学合理的问卷和获取真实的统计结果是一项技术性强、要求高的工作。

使用问卷法应注意的问题：(1) 应尽量避免使用复杂的语句和带有引导性的问题，以使回答者容易理解和做客观性的回答。(2) 应尽量采用不记名方式，以保证问卷的真实可靠性。如果出于评价的需要，必须出现答卷人姓名时，问卷设计一定要周密，想出可行的办法。(3) 问卷做好后，不宜急于实施，最好在被调查对象之外试测一下，经加工修改之后，再进行正式的问卷调查，以便收到最佳的效果。

5. 档案袋评定法

档案袋评定，又称为"文件夹评价"，是指收集幼儿在学习过程中有代表性的作品和典型的表现记录，以幼儿的现实表现作为判断幼儿学习质量的依据的评价方法。这种评估活动从多种渠道收集资料，旨在提供有关学生学习的实际水平的各种材料，重视幼儿发展的过程，能从多角度、多侧面来判断每个幼儿的优点和发展可能性，为描绘每个幼儿的学习情况的剖面图和发展过程提供了真实而详细的资料。

通常，档案袋覆盖的内容可包括：幼儿在幼儿园中的各种作品（如绘画、泥塑、折纸、数学作业等）；幼儿在活动中的照片或录像；语言和音乐表现的录音；教师对幼儿活动的观察记录；幼儿自己通过语言录音、图画或文字的方式表达的自我反思、探究设想和活动过程；轶事记录等。

例：某幼儿园幼儿个体档案的主要内容：

（1）将孩子在幼儿园的各种活动和各领域的发展状况全面呈现，主要以照片附文字的形式，反映活动中的情境，包括在一日生活活动中幼儿的表现。

（2）表现幼儿具有个性发展的内容，不同年龄有不同的小栏目，如：小班的"我的第一次"，中、大班的"我最骄傲的"和"我需要努力的"等，以孩子的照片、作品等形式反映。

（3）搜集反映孩子某项技能活动的过程资料，记录教师的分析。

（4）根据课程实施的内容，对幼儿进行月度或学期的综合评价，对幼儿某个阶段的发展做一分析，在分析的基础上，了解课程实施的效果及幼儿发展的现状与问题。如表7-11所示。

表7-11 幼儿园小班下学期综合评价（健康部分）

项目	内容	评价标准	发展情况			
			★	★★	★★★	★★★★
健康	盥洗	餐前便后知道洗手				
	进餐	正确使用小勺，独立进餐				
	午睡	能安静入睡，姿势正确				
	自我保护	不将异物塞入自己或他人的耳、鼻、口内				
	自我服务	会使用自己的毛巾擦手、擦嘴				
	动作发展	在各种活动中身体灵活、动作敏捷				
	协调性	在活动中身体各部位的动作协调				

在这些方法中，观察是最基本也是最广泛使用的评价方法之一，它的作用在于收集信息，为做出决策、提供建议、制定和调整策略、促进教师的教学反思以及评价幼儿的成长发展与学习打下基础。

> **思考与练习**
>
> 1. 幼儿教育课程评价的特点有哪些？
> 2. 对幼儿学习的评价包括哪些内容？
> 3. 对教师"教"的评价包括哪些内容？

4. 什么是档案袋评价法？其主要内容有哪些？

操作实训

1. 观摩一位幼儿园教师的课，使用本章表7-7教育活动整体式观察记录表的方法，对其进行分析和评价。

2. 以小组为单位，检索某项幼儿教育课程评价活动项目案例，了解其评价活动开展的过程、收获及发现的问题。

附录1　幼儿园工作规程

（中华人民共和国教育部　2016.1）

第一章　总　则

第一条　为了加强幼儿园的科学管理，规范办园行为，提高保育和教育质量，促进幼儿身心健康，依据《中华人民共和国教育法》等法律法规，制定本规程。

第二条　幼儿园是对3周岁以上学龄前幼儿实施保育和教育的机构。幼儿园教育是基础教育的重要组成部分，是学校教育制度的基础阶段。

第三条　幼儿园的任务是：贯彻国家的教育方针，按照保育与教育相结合的原则，遵循幼儿身心发展特点和规律，实施德、智、体、美等方面全面发展的教育，促进幼儿身心和谐发展。

幼儿园同时面向幼儿家长提供科学育儿指导。

第四条　幼儿园适龄幼儿一般为3周岁至6周岁。

幼儿园一般为三年制。

第五条　幼儿园保育和教育的主要目标是：

（一）促进幼儿身体正常发育和机能的协调发展，增强体质，促进心理健康，培养良好的生活习惯、卫生习惯和参加体育活动的兴趣。

（二）发展幼儿智力，培养正确运用感官和运用语言交往的基本能力，增进对环境的认识，培养有益的兴趣和求知欲望，培养初步的动手探究能力。

（三）萌发幼儿爱祖国、爱家乡、爱集体、爱劳动、爱科学的情感，培养诚实、自信、友爱、勇敢、勤学、好问、爱护公物、克服困难、讲礼貌、守纪律等良好的品德行为和习惯，以及活泼开朗的性格。

（四）培养幼儿初步感受美和表现美的情趣和能力。

第六条　幼儿园教职工应当尊重、爱护幼儿，严禁虐待、歧视、体罚和变相体罚、侮辱幼儿人格等损害幼儿身心健康的行为。

第七条　幼儿园可分为全日制、半日制、定时制、季节制和寄宿制等。上述形式可分别设置，也可混合设置。

第二章　幼儿入园和编班

第八条　幼儿园每年秋季招生。平时如有缺额，可随时补招。

幼儿园对烈士子女、家中无人照顾的残疾人子女、孤儿、家庭经济困难幼儿、具有接受普通教育能力的残疾儿童等入园，按照国家和地方的有关规定予以照顾。

第九条 企业、事业单位和机关、团体、部队设置的幼儿园，除招收本单位工作人员的子女外，应当积极创造条件向社会开放，招收附近居民子女入园。

第十条 幼儿入园前，应当按照卫生部门制定的卫生保健制度进行健康检查，合格者方可入园。

幼儿入园除进行健康检查外，禁止任何形式的考试或测查。

第十一条 幼儿园规模应当有利于幼儿身心健康，便于管理，一般不超过360人。

幼儿园每班幼儿人数一般为：小班（3周岁至4周岁）25人，中班（4周岁至5周岁）30人，大班（5周岁至6周岁）35人，混合班30人。寄宿制幼儿园每班幼儿人数酌减。

幼儿园可以按年龄分别编班，也可以混合编班。

第三章 幼儿园的安全

第十二条 幼儿园应当严格执行国家和地方幼儿园安全管理的相关规定，建立健全门卫、房屋、设备、消防、交通、食品、药物、幼儿接送交接、活动组织和幼儿就寝值守等安全防护和检查制度，建立安全责任制和应急预案。

第十三条 幼儿园的园舍应当符合国家和地方的建设标准，以及相关安全、卫生等方面的规范，定期检查维护，保障安全。幼儿园不得设置在污染区和危险区，不得使用危房。

幼儿园的设备设施、装修装饰材料、用品用具和玩教具材料等，应当符合国家相关的安全质量标准和环保要求。

入园幼儿应当由监护人或者其委托的成年人接送。

第十四条 幼儿园应当严格执行国家有关食品药品安全的法律法规，保障饮食饮水卫生安全。

第十五条 幼儿园教职工必须具有安全意识，掌握基本急救常识和防范、避险、逃生、自救的基本方法，在紧急情况下应当优先保护幼儿的人身安全。

幼儿园应当把安全教育融入一日生活，并定期组织开展多种形式的安全教育和事故预防演练。

幼儿园应当结合幼儿年龄特点和接受能力开展反家庭暴力教育，发现幼儿遭受或者疑似遭受家庭暴力的，应当依法及时向公安机关报案。

第十六条 幼儿园应当投保校方责任险。

第四章 幼儿园的卫生保健

第十七条 幼儿园必须切实做好幼儿生理和心理卫生保健工作。

幼儿园应当严格执行《托儿所幼儿园卫生保健管理办法》以及其他有关卫生保健的法规、规章和制度。

第十八条 幼儿园应当制定合理的幼儿一日生活作息制度。正餐间隔时间为3.5~4小时。在正常情况下，幼儿户外活动时间（包括户外体育活动时间）每天不得少于2小时，寄宿制幼儿园不得少于3小时；高寒、高温地区可酌情增减。

第十九条 幼儿园应当建立幼儿健康检查制度和幼儿健康卡或档案。每年体检一次，每半年测身高、视力一次,每季度量体重一次。注意幼儿口腔卫生,保护幼儿视力。

幼儿园对幼儿健康发展状况定期进行分析、评价,及时向家长反馈结果。

幼儿园应当关注幼儿心理健康,注重满足幼儿的发展需要,保持幼儿积极的情绪状态,让幼儿感受到尊重和接纳。

第二十条 幼儿园应当建立卫生消毒、晨检、午检制度和病儿隔离制度,配合卫生部门做好计划免疫工作。

幼儿园应当建立传染病预防和管理制度,制定突发传染病应急预案,认真做好疾病防控工作。

幼儿园应当建立患病幼儿用药的委托交接制度,未经监护人委托或者同意,幼儿园不得给幼儿用药。幼儿园应当妥善管理药品,保证幼儿用药安全。

幼儿园内禁止吸烟、饮酒。

第二十一条 供给膳食的幼儿园应当为幼儿提供安全卫生的食品,编制营养平衡的幼儿食谱,定期计算和分析幼儿的进食量和营养素摄取量,保证幼儿合理膳食。

幼儿园应当每周向家长公示幼儿食谱,并按照相关规定进行食品留样。

第二十二条 幼儿园应当配备必要的设备设施,及时为幼儿提供安全卫生的饮用水。

幼儿园应当培养幼儿良好的大小便习惯,不得限制幼儿便溺的次数、时间等。

第二十三条 幼儿园应当积极开展适合幼儿的体育活动,充分利用日光、空气、水等自然因素以及本地自然环境,有计划地锻炼幼儿肌体,增强身体的适应和抵抗能力。正常情况下,每日户外体育活动不得少于1小时。

幼儿园在开展体育活动时,应当对体弱或有残疾的幼儿予以特殊照顾。

第二十四条 幼儿园夏季要做好防暑降温工作,冬季要做好防寒保暖工作,防止中暑和冻伤。

第五章 幼儿园的教育

第二十五条 幼儿园教育应当贯彻以下原则和要求:

(一)德、智、体、美等方面的教育应当互相渗透,有机结合。

(二)遵循幼儿身心发展规律,符合幼儿年龄特点,注重个体差异,因人施教,引导幼儿个性健康发展。

(三)面向全体幼儿,热爱幼儿,坚持积极鼓励、启发引导的正面教育。

(四)综合组织健康、语言、社会、科学、艺术各领域的教育内容,渗透于幼儿一日生活的各项活动中,充分发挥各种教育手段的交互作用。

(五)以游戏为基本活动,寓教育于各项活动之中。

(六)创设与教育相适应的良好环境,为幼儿提供活动和表现能力的机会与条件。

第二十六条 幼儿一日活动的组织应当动静交替,注重幼儿的直接感知、实际操作和亲身体验,保证幼儿愉快的、有益的自由活动。

第二十七条 幼儿园日常生活组织,应当从实际出发,建立必要、合理的常规,坚持一贯性和灵活性相结合,培养幼儿的良好习惯和初步的生活自理能力。

第二十八条 幼儿园应当为幼儿提供丰富多样的教育活动。

教育活动内容应当根据教育目标、幼儿的实际水平和兴趣确定,以循序渐进为原则,有计划地选择和组织。

教育活动的组织应当灵活地运用集体、小组和个别活动等形式，为每个幼儿提供充分参与的机会，满足幼儿多方面发展的需要，促进每个幼儿在不同水平上得到发展。

教育活动的过程应注重支持幼儿的主动探索、操作实践、合作交流和表达表现，不应片面追求活动结果。

第二十九条　幼儿园应当将游戏作为对幼儿进行全面发展教育的重要形式。

幼儿园应当因地制宜创设游戏条件，提供丰富、适宜的游戏材料，保证充足的游戏时间，开展多种游戏。

幼儿园应当根据幼儿的年龄特点指导游戏，鼓励和支持幼儿根据自身兴趣、需要和经验水平，自主选择游戏内容、游戏材料和伙伴，使幼儿在游戏过程中获得积极的情绪情感，促进幼儿能力和个性的全面发展。

第三十条　幼儿园应当将环境作为重要的教育资源，合理利用室内外环境，创设开放的、多样的区域活动空间，提供适合幼儿年龄特点的丰富的玩具、操作材料和幼儿读物，支持幼儿自主选择和主动学习，激发幼儿学习的兴趣与探究的愿望。

幼儿园应当营造尊重、接纳和关爱的氛围，建立良好的同伴和师生关系。

幼儿园应当充分利用家庭和社区的有利条件，丰富和拓展幼儿园的教育资源。

第三十一条　幼儿园的品德教育应当以情感教育和培养良好行为习惯为主，注重潜移默化的影响，并贯穿于幼儿生活以及各项活动之中。

第三十二条　幼儿园应当充分尊重幼儿的个体差异，根据幼儿不同的心理发展水平，研究有效的活动形式和方法，注重培养幼儿良好的个性心理品质。

幼儿园应当为在园残疾儿童提供更多的帮助和指导。

第三十三条　幼儿园和小学应当密切联系，互相配合，注意两个阶段教育的相互衔接。

幼儿园不得提前教授小学教育内容，不得开展任何违背幼儿身心发展规律的活动。

第六章　幼儿园的园舍、设备

第三十四条　幼儿园应当按照国家的相关规定设活动室、寝室、卫生间、保健室、综合活动室、厨房和办公用房等，并达到相应的建设标准。有条件的幼儿园应当优先扩大幼儿游戏和活动空间。

寄宿制幼儿园应当增设隔离室、浴室和教职工值班室等。

第三十五条　幼儿园应当有与其规模相适应的户外活动场地，配备必要的游戏和体育活动设施，创造条件开辟沙地、水池、种植园地等，并根据幼儿活动的需要绿化、美化园地。

第三十六条　幼儿园应当配备适合幼儿特点的桌椅、玩具架、盥洗卫生用具，以及必要的玩教具、图书和乐器等。

玩教具应当具有教育意义并符合安全、卫生要求。幼儿园应当因地制宜，就地取材，自制玩教具。

第三十七条　幼儿园的建筑规划面积、建筑设计和功能要求，以及设施设备、玩教具配备，按照国家和地方的相关规定执行。

第七章　幼儿园的教职工

第三十八条　幼儿园按照国家相关规定设园长、副园长、教师、保育员、卫生保健人员、炊事员和其他工作人员等岗位，配足配齐教职工。

第三十九条 幼儿园教职工应当贯彻国家教育方针，具有良好品德，热爱教育事业，尊重和爱护幼儿，具有专业知识和技能以及相应的文化和专业素养，为人师表，忠于职责，身心健康。

幼儿园教职工患传染病期间暂停在幼儿园的工作。有犯罪、吸毒记录和精神病史者不得在幼儿园工作。

第四十条 幼儿园园长应当符合本规程第三十九条规定，并应当具有《教师资格条例》规定的教师资格、具备大专以上学历、有三年以上幼儿园工作经历和一定的组织管理能力，并取得幼儿园园长岗位培训合格证书。

幼儿园园长由举办者任命或者聘任，并报当地主管的教育行政部门备案。

幼儿园园长负责幼儿园的全面工作，主要职责如下：

（一）贯彻执行国家的有关法律、法规、方针、政策和地方的相关规定，负责建立并组织执行幼儿园的各项规章制度；

（二）负责保育教育、卫生保健、安全保卫工作；

（三）负责按照有关规定聘任、调配教职工，指导、检查和评估教师以及其他工作人员的工作，并给予奖惩；

（四）负责教职工的思想工作，组织业务学习，并为他们的学习、进修、教育研究创造必要的条件；

（五）关心教职工的身心健康，维护他们的合法权益，改善他们的工作条件；

（六）组织管理园舍、设备和经费；

（七）组织和指导家长工作；

（八）负责与社区的联系和合作。

第四十一条 幼儿园教师必须具有《教师资格条例》规定的幼儿园教师资格，并符合本规程第三十九条规定。

幼儿园教师实行聘任制。

幼儿园教师对本班工作全面负责，其主要职责如下：

（一）观察了解幼儿，依据国家有关规定，结合本班幼儿的发展水平和兴趣需要，制订和执行教育工作计划，合理安排幼儿一日生活；

（二）创设良好的教育环境，合理组织教育内容，提供丰富的玩具和游戏材料，开展适宜的教育活动；

（三）严格执行幼儿园安全、卫生保健制度，指导并配合保育员管理本班幼儿生活，做好卫生保健工作；

（四）与家长保持经常联系，了解幼儿家庭的教育环境，商讨符合幼儿特点的教育措施，相互配合共同完成教育任务；

（五）参加业务学习和保育教育研究活动；

（六）定期总结评估保教工作实效，接受园长的指导和检查。

第四十二条 幼儿园保育员应当符合本规程第三十九条规定，并应当具备高中毕业以上学历，受过幼儿保育职业培训。

幼儿园保育员的主要职责如下：

（一）负责本班房舍、设备、环境的清洁卫生和消毒工作；
（二）在教师指导下，科学照料和管理幼儿生活，并配合本班教师组织教育活动；
（三）在卫生保健人员和本班教师指导下，严格执行幼儿园安全、卫生保健制度；
（四）妥善保管幼儿衣物和本班的设备、用具。

第四十三条 幼儿园卫生保健人员除符合本规程第三十九条规定外，医师应当取得卫生行政部门颁发的《医师执业证书》；护士应当取得《护士执业证书》；保健员应当具有高中毕业以上学历，并经过当地妇幼保健机构组织的卫生保健专业知识培训。

幼儿园卫生保健人员对全园幼儿身体健康负责，其主要职责如下：
（一）协助园长组织实施有关卫生保健方面的法规、规章和制度，并监督执行；
（二）负责指导调配幼儿膳食，检查食品、饮水和环境卫生；
（三）负责晨检、午检和健康观察，做好幼儿营养、生长发育的监测和评价；定期组织幼儿健康体检，做好幼儿健康档案管理；
（四）密切与当地卫生保健机构的联系，协助做好疾病防控和计划免疫工作；
（五）向幼儿园教职工和家长进行卫生保健宣传和指导；
（六）妥善管理医疗器械、消毒用具和药品。

第四十四条 幼儿园其他工作人员的资格和职责，按照国家和地方的有关规定执行。

第四十五条 对认真履行职责、成绩优良的幼儿园教职工，应当按照有关规定给予奖励。

对不履行职责的幼儿园教职工，应当视情节轻重，依法依规给予相应处分。

第八章 幼儿园的经费

第四十六条 幼儿园的经费由举办者依法筹措，保障有必备的办园资金和稳定的经费来源。

按照国家和地方相关规定接受财政扶持的提供普惠性服务的国有企事业单位办园、集体办园和民办园等幼儿园，应当接受财务、审计等有关部门的监督检查。

第四十七条 幼儿园收费按照国家和地方的有关规定执行。

幼儿园实行收费公示制度，收费项目和标准向家长公示，接受社会监督，不得以任何名义收取与新生入园相挂钩的赞助费。

幼儿园不得以培养幼儿某种专项技能、组织或参与竞赛等为由，另外收取费用；不得以营利为目的组织幼儿表演、竞赛等活动。

第四十八条 幼儿园的经费应当按照规定的使用范围合理开支，坚持专款专用，不得挪作他用。

第四十九条 幼儿园举办者筹措的经费，应当保证保育和教育的需要，有一定比例用于改善办园条件和开展教职工培训。

第五十条 幼儿膳食费应当实行民主管理制度，保证全部用于幼儿膳食，每月向家长公布账目。

第五十一条 幼儿园应当建立经费预算和决算审核制度，经费预算和决算应当提交园务委员会审议，并接受财务和审计部门的监督检查。

幼儿园应当依法建立资产配置、使用、处置、产权登记、信息管理等管理制度，严格执行有关财务制度。

第九章 幼儿园、家庭和社区

第五十二条 幼儿园应当主动与幼儿家庭沟通合作，为家长提供科学育儿宣传指导，帮助家长创设良好的家庭教育环境，共同担负教育幼儿的任务。

第五十三条 幼儿园应当建立幼儿园与家长联系的制度。幼儿园可采取多种形式，指导家长正确了解幼儿园保育和教育的内容、方法，定期召开家长会议，并接待家长的来访和咨询。

幼儿园应当认真分析、吸收家长对幼儿园教育与管理工作的意见与建议。

幼儿园应当建立家长开放日制度。

第五十四条 幼儿园应当成立家长委员会。

家长委员会的主要任务是：对幼儿园重要决策和事关幼儿切身利益的事项提出意见和建议；发挥家长的专业和资源优势，支持幼儿园保育教育工作；帮助家长了解幼儿园的工作计划和要求，协助幼儿园开展家庭教育指导和交流。

家长委员会在幼儿园园长指导下工作。

第五十五条 幼儿园应当加强与社区的联系与合作，面向社区宣传科学育儿知识，开展灵活多样的公益性早期教育服务，争取社区对幼儿园的多方面支持。

第十章 幼儿园的管理

第五十六条 幼儿园实行园长负责制。

幼儿园应当建立园务委员会。园务委员会由园长、副园长、党组织负责人和保教、卫生保健、财会等方面工作人员的代表以及幼儿家长代表组成。园长任园务委员会主任。

园长定期召开园务委员会会议，遇重大问题可临时召集，对规章制度的建立、修改、废除，全园工作计划，工作总结，人员奖惩，财务预算和决算方案，以及其他涉及全园工作的重要问题进行审议。

第五十七条 幼儿园应当加强党组织建设，充分发挥党组织政治核心作用、战斗堡垒作用。幼儿园应当为工会、共青团等其他组织开展工作创造有利条件，充分发挥其在幼儿园工作中的作用。

第五十八条 幼儿园应当建立教职工大会制度或者教职工代表大会制度，依法加强民主管理和监督。

第五十九条 幼儿园应当建立教研制度，研究解决保教工作中的实际问题。

第六十条 幼儿园应当制订年度工作计划，定期部署、总结和报告工作。每学年年末应当向教育等行政主管部门报告工作，必要时随时报告。

第六十一条 幼儿园应当接受上级教育、卫生、公安、消防等部门的检查、监督和指导，如实报告工作和反映情况。

幼儿园应当依法接受教育督导部门的督导。

第六十二条 幼儿园应当建立业务档案、财务管理、园务会议、人员奖惩、安全管理以及与家庭、小学联系等制度。

幼儿园应当建立信息管理制度，按照规定采集、更新、报送幼儿园管理信息系统的相关信息，每年向主管教育行政部门报送统计信息。

第六十三条 幼儿园教师依法享受寒暑假期的带薪休假。幼儿园应当创造条件，在寒暑假期间，安排工作人员轮流休假。具体办法由举办者制定。

第十一章 附 则

第六十四条 本规程适用于城乡各类幼儿园。

第六十五条 省、自治区、直辖市教育行政部门可根据本规程，制定具体实施办法。

第六十六条 本规程自2016年3月1日起施行。1996年3月9日由原国家教育委员会令第25号发布的《幼儿园工作规程》同时废止。

附录2 幼儿园教育指导纲要（试行）

（中华人民共和国教育部 2001.8）

第一部分 总 则

一、为贯彻《中华人民共和国教育法》《幼儿园管理条例》和《幼儿园工作规程》，指导幼儿园深入实施素质教育，特制定本纲要。

二、幼儿园教育是基础教育的重要组成部分，是我国学校教育和终身教育的奠基阶段。城乡各类幼儿园都应从实际出发，因地制宜地实施素质教育，为幼儿一生的发展打好基础。

三、幼儿园应与家庭、社区密切合作，与小学相互衔接，综合利用各种教育资源，共同为幼儿的发展创造良好的条件。

四、幼儿园应为幼儿提供健康、丰富的生活和活动环境，满足他们多方面发展的需要，使他们在快乐的童年生活中获得有益于身心发展的经验。

五、幼儿园教育应尊重幼儿的人格和权利，尊重幼儿身心发展的规律和学习特点，以游戏为基本活动，保教并重，关注个别差异，促进每个幼儿富有个性的发展。

第二部分 教育内容与要求

幼儿园的教育内容是全面的、启蒙性的，可以相对划分为健康、语言、社会、科学、艺术等五个领域，也可作其他不同的划分。各领域的内容相互渗透，从不同的角度促进幼儿情感、态度、能力、知识、技能等方面的发展。

一、健康

（一）目标

1. 身体健康，在集体生活中情绪安定、愉快；
2. 生活、卫生习惯良好，有基本的生活自理能力；
3. 知道必要的安全保健常识，学习保护自己；
4. 喜欢参加体育活动，动作协调、灵活。

（二）内容与要求

1. 建立良好的师生、同伴关系，让幼儿在集体生活中感到温暖，心情愉快，形成安全感、信赖感。
2. 与家长配合，根据幼儿的需要建立科学的生活常规。培养幼儿良好的饮食、睡眠、盥洗、排泄等生活习惯和生活自理能力。

3. 教育幼儿爱清洁、讲卫生，注意保持个人和生活场所的整洁和卫生。

4. 密切结合幼儿的生活进行安全、营养和保健教育，提高幼儿的自我保护意识和能力。

5. 开展丰富多彩的户外游戏和体育活动，培养幼儿参加体育活动的兴趣和习惯，增强体质，提高对环境的适应能力。

6. 用幼儿感兴趣的方式发展基本动作，提高动作的协调性、灵活性。

7. 在体育活动中，培养幼儿坚强、勇敢、不怕困难的意志品质和主动、乐观、合作的态度。

（三）指导要点

1. 幼儿园必须把保护幼儿的生命和促进幼儿的健康放在工作的首位。树立正确的健康观念，在重视幼儿身体健康的同时，要高度重视幼儿的心理健康。

2. 既要高度重视和满足幼儿受保护、受照顾的需要，又要尊重和满足他们不断增长的独立要求，避免过度保护和包办代替，鼓励并指导幼儿自理、自立的尝试。

3. 健康领域的活动要充分尊重幼儿生长发育的规律，严禁以任何名义进行有损幼儿健康的比赛、表演或训练等。

4. 培养幼儿对体育活动的兴趣是幼儿园体育的重要目标，要根据幼儿的特点组织生动有趣、形式多样的体育活动，吸引幼儿主动参与。

二、语言

（一）目标

1. 乐观与人交谈，讲话礼貌；
2. 注意倾听对方讲话，能理解日常用语；
3. 能清楚地说出自己想说的事；
4. 喜欢听故事、看图书；
5. 能听懂和会说普通话。

（二）内容与要求

1. 创造一个自由、宽松的语言交往环境，支持、鼓励、吸引幼儿与教师、同伴或其他人交谈，体验语言交流的乐趣，学习使用适当的、礼貌的语言交往。

2. 养成幼儿注意倾听的习惯，发展语言理解能力。

3. 鼓励幼儿大胆、清楚地表达自己的想法和感受，尝试说明、描述简单的事物或过程，发展语言表达能力和思维能力。

4. 引导幼儿接触优秀的儿童文学作品，使之感受语言的丰富和优美，并通过多种活动帮助幼儿加深对作品的体验和理解。

5. 培养幼儿对生活中常见的简单标记和文字符号的兴趣。

6. 利用图书、绘画和其他多种方式，引发幼儿对书籍、阅读和书写的兴趣，培养前阅读和前书写技能。

7. 提供普通话的语言环境，帮助幼儿熟悉、听懂并学说普通话。少数民族地区还应帮助幼儿学习本民族语言。

（三）指导要点

1. 语言能力是在运用的过程中发展起来的，发展幼儿语言的关键是创设一个能使他们想说、敢说、喜欢说、有机会说并能得到积极应答的环境。

2. 幼儿语言的发展与其情感、经验、思维、社会交往能力等其他方面的发展密切相关，因此，发展幼儿语言的重要途径是通过互相渗透的各领域的教育，在丰富多彩的活动中去扩展幼儿的经验，提供促进语言发展的条件。

3. 幼儿的语言学习具有个别化的特点，教师与幼儿的个别交流、幼儿之间的自由交谈等，对幼儿语言发展具有特殊意义。

4. 对有语言障碍的儿童要给予特别关注，要与家长和有关方面密切配合，积极地帮助他们提高语言能力。

三、社会

（一）目标

1. 能主动地参与各项活动，有自信心；
2. 乐意与人交往，学习互助、合作和分享，有同情心；
3. 理解并遵守日常生活中基本的社会行为规则；
4. 能努力做好力所能及的事，不怕困难，有初步的责任感；
5. 爱父母长辈、老师和同伴，爱集体、爱家乡、爱祖国。

（二）内容与要求

1. 引导幼儿参加各种集体活动，体验与教师、同伴等共同生活的乐趣，帮助他们正确认识自己和他人，养成对他人、社会亲近、合作的态度，学习初步的人际交往技能。

2. 为每个幼儿提供表现自己长处和获得成功的机会，增强其自尊心和自信心。

3. 提供自由活动的机会，支持幼儿自主地选择、计划活动，鼓励他们通过多方面的努力解决问题，不轻易放弃克服困难的尝试。

4. 在共同的生活和活动中，以多种方式引导幼儿认识、体验并理解基本的社会行为规则，学习自律和尊重他人。

5. 教育幼儿爱护玩具和其他物品，爱护公物和公共环境。

6. 与家庭、社区合作，引导幼儿了解自己的亲人以及与自己生活有关的各行各业人们的劳动，培养其对劳动者的热爱和对劳动成果的尊重。

7. 充分利用社会资源，引导幼儿实际感受祖国文化的丰富与优秀，感受家乡的变化和发展，激发幼儿爱家乡、爱祖国的情感。

8. 适当向幼儿介绍我国各民族和世界其他国家、民族的文化，使其感知人类文化的多样性和差异性，培养理解、尊重、平等的态度。

（三）指导要点

1. 社会领域的教育具有潜移默化的特点。幼儿社会态度和社会情感的培养尤应渗透在多种活动和一日生活的各个环节之中，要创设一个能使幼儿感受到接纳、关爱和支持的良好环境，避免单一呆板的言语说教。

2. 幼儿与成人、同伴之间的共同生活、交往、探索、游戏等，是其社会学习的重要途径。应为幼儿提供人际间相互交往和共同活动的机会和条件，并加以指导。

3. 社会学习是一个漫长的积累过程，需要幼儿园、家庭和社会密切合作，协调一致，共同促进幼儿良好社会性品质的形成。

四、科学

1. 对周围的事物、现象感兴趣，有好奇心和求知欲；
2. 能运用各种感官，动手动脑，探究问题；
3. 能用适当的方式表达、交流探索的过程和结果；
4. 能从生活和游戏中感受事物的数量关系并体验到数学的重要和有趣；
5. 爱护动植物，关心周围环境，亲近大自然，珍惜自然资源，有初步的环保意识。

（二）内容与要求

1. 引导幼儿对身边常见事物和现象的特点、变化规律产生兴趣和探究的欲望。
2. 为幼儿的探究活动创造宽松的环境，让每个幼儿都有机会参与尝试，支持、鼓励他们大胆提出问题，发表不同意见，学会尊重别人的观点和经验。
3. 提供丰富的可操作的材料，为每个幼儿都能运用多种感官、多种方式进行探索提供活动的条件。
4. 通过引导幼儿积极参加小组讨论、探索等方式，培养幼儿合作学习的意识和能力，学习用多种方式表现、交流、分享探索的过程和结果。
5. 引导幼儿对周围环境中的数、量、形、时间和空间等现象产生兴趣，建构初步的数概念，并学习用简单的数学方法解决生活和游戏中某些简单的问题。
6. 从生活或媒体中幼儿熟悉的科技成果入手，引导幼儿感受科学技术对生活的影响，培养他们对科学的兴趣和对科学家的崇敬。
7. 在幼儿生活经验的基础上，帮助幼儿了解自然、环境与人类生活的关系。从身边的小事入手，培养初步的环保意识和行为。

（三）指导要点

1. 幼儿的科学教育是科学启蒙教育，重在激发幼儿的认识兴趣和探究欲望。
2. 要尽量创造条件让幼儿实际参加探究活动，使他们感受科学探究的过程和方法，体验发现的乐趣。
3. 科学教育应密切联系幼儿的实际生活进行，利用身边的事物与现象作为科学探索的对象。

五、艺术

（一）目标

1. 能初步感受并喜爱环境、生活和艺术中的美；
2. 喜欢参加艺术活动，并能大胆地表现自己的情感和体验；
3. 能用自己喜欢的方式进行艺术表现活动。

（二）内容与要求

1. 引导幼儿接触周围环境和生活中美好的人、事、物，丰富他们的感性经验和审美情趣，激发他们表现美、创造美的情趣。
2. 在艺术活动中面向全体幼儿，要针对他们的不同特点和需要，让每个幼儿都得到美的熏陶和培养。对有艺术天赋的幼儿要注意发展他们的艺术潜能。
3. 提供自由表现的机会，鼓励幼儿用不同艺术形式大胆地表达自己的情感、理解和想象,尊重每个幼儿的想法和创造,肯定和接纳他们独特的审美感受和表现方式,分享他们创造的快乐。

4. 在支持、鼓励幼儿积极参加各种艺术活动并大胆表现的同时,帮助他们提高表现的技能和能力。

5. 指导幼儿利用身边的物品或废旧材料制作玩具、手工艺品等来美化自己的生活或开展其他活动。

6. 为幼儿创设展示自己作品的条件,引导幼儿相互交流、相互欣赏、共同提高。

(三) **指导要点**

1. 艺术是实施美育的主要途径,应充分发挥艺术的情感教育功能,促进幼儿健全人格的形成。要避免仅仅重视表现技能或艺术活动的结果,而忽视幼儿在活动过程中的情感体验和态度的倾向。

2. 幼儿的创作过程和作品是他们表达自己的认识和情感的重要方式,应支持幼儿富有个性和创造性的表达,克服过分强调技能技巧和标准化要求的偏向。

3. 幼儿艺术活动的能力是在大胆表现的过程中逐渐发展起来的,教师的作用应主要在于激发幼儿感受美、表现美的情趣,丰富他们的审美经验,使之体验自由表达和创造的快乐。在此基础上,根据幼儿的发展状况和需要,对表现方式和技能技巧给予适时、适当的指导。

第三部分 组织与实施

一、幼儿园的教育是为所有在园幼儿的健康成长服务的,要为每一个儿童,包括有特殊需要的儿童提供积极的支持和帮助。

二、幼儿园的教育活动,是教师以多种形式有目的、有计划地引导幼儿生动、活泼、主动活动的教育过程。

三、教育活动的组织与实施过程是教师创造性地开展工作的过程。教师要根据本《纲要》,从本地、本园的条件出发,结合本班幼儿的实际情况,制定切实可行的工作计划并灵活地执行。

四、教育活动目标要以《幼儿园工作规程》和本《纲要》所提出的各领域目标为指导,结合本班幼儿的发展水平、经验和需要来确定。

五、教育活动内容的选择应遵照本《纲要》第二部分的有关条款进行,同时体现以下原则:

(一) 既适合幼儿的现有水平,又有一定的挑战性。

(二) 既符合幼儿的现实需要,又有利于其长远发展。

(三) 既贴近幼儿的生活来选择幼儿感兴趣的事物和问题,又有助于拓展幼儿的经验和视野。

六、教育活动内容的组织应充分考虑幼儿的学习特点和认识规律,各领域的内容要有机联系,相互渗透,注重综合性、趣味性、活动性,寓教育于生活、游戏之中。

七、教育活动的组织形式应根据需要合理安排,因时、因地、因内容、因材料灵活地运用。

八、环境是重要的教育资源,应通过环境的创设和利用,有效地促进幼儿的发展。

（一）幼儿园的空间、设施、活动材料和常规要求等应有利于引发、支持幼儿的游戏和各种探索活动，有利于引发、支持幼儿与周围环境之间积极的相互作用。

（二）幼儿同伴群体及幼儿园教师集体是宝贵的教育资源，应充分发挥这一资源的作用。

（三）教师的态度和管理方式应有助于形成安全、温馨的心理环境；言行举止应成为幼儿学习的良好榜样。

（四）家庭是幼儿园重要的合作伙伴。应本着尊重、平等、合作的原则，争取家长的理解、支持和主动参与，并积极支持、帮助家长提高教育能力。

（五）充分利用自然环境和社区的教育资源，扩展幼儿生活和学习的空间。幼儿园同时应为社区的早期教育提供服务。

九、科学、合理地安排和组织一日生活。

（一）时间安排应有相对的稳定性与灵活性，既有利于形成秩序，又能满足幼儿的合理需要，照顾到个体差异。

（二）教师直接指导的活动和间接指导的活动相结合，保证幼儿每天有适当的自主选择和自由活动时间。教师直接指导的集体活动要能保证幼儿的积极参与，避免时间的隐性浪费。

（三）尽量减少不必要的集体行动和过渡环节，减少和消除消极等待现象。

（四）建立良好的常规，避免不必要的管理行为，逐步引导幼儿学习自我管理。

十、教师应成为幼儿学习活动的支持者、合作者、引导者。

（一）以关怀、接纳、尊重的态度与幼儿交往。耐心倾听，努力理解幼儿的想法与感受，支持、鼓励他们大胆探索与表达。

（二）善于发现幼儿感兴趣的事物、游戏和偶发事件中所隐含的教育价值，把握时机，积极引导。

（三）关注幼儿在活动中的表现和反应，敏感地察觉他们的需要，及时以适当的方式应答，形成合作探究式的师生互动。

（四）尊重幼儿在发展水平、能力、经验、学习方式等方面的个体差异，因人施教，努力使每一个幼儿都能获得满足和成功。

（五）关注幼儿的特殊需要，包括各种发展潜能和不同发展障碍，与家庭密切配合，共同促进幼儿健康成长。

十一、幼儿园教育要与0~3岁儿童的保育教育以及小学教育相互衔接。

第四部分 教育评价

一、教育评价是幼儿园教育工作的重要组成部分，是了解教育的适宜性、有效性，调整和改进工作，促进每一个幼儿发展，提高教育质量的必要手段。

二、管理人员、教师、幼儿及其家长均是幼儿园教育评价工作的参与者。评价过程是各方共同参与、相互支持与合作的过程。

三、评价的过程，是教师运用专业知识审视教育实践，发现、分析、研究、解决问题的过程，也是其自我成长的重要途径。

四、幼儿园教育工作评价实行以教师自评为主，园长以及有关管理人员、其他教师和家长等参与评价的制度。

五、评价应自然地伴随着整个教育过程进行。综合采用观察、谈话、作品分析等多种方法。

六、幼儿的行为表现和发展变化具有重要的评价意义，教师应视之为重要的评价信息和改进工作的依据。

七、教育工作评价宜重点考察以下方面：

（一）教育计划和教育活动的目标是否建立在了解本班幼儿现状的基础上。

（二）教育的内容、方式、策略、环境条件是否能调动幼儿学习的积极性。

（三）教育过程是否能为幼儿提供有益的学习经验，并符合其发展需要。

（四）教育内容、要求能否兼顾群体需要和个体差异，使每个幼儿都能得到发展，都有成功感。

（五）教师的指导是否有利于幼儿主动、有效地学习。

八、对幼儿发展状况的评估，要注意：

（一）明确评价的目的是了解幼儿的发展需要，以便提供更加适宜的帮助和指导。

（二）全面了解幼儿的发展状况，防止片面性，尤其要避免只重知识和技能，忽略情感、社会性和实际能力的倾向。

（三）在日常活动与教育教学过程中采用自然的方法进行。平时观察所获的具有典型意义的幼儿行为表现和所积累的各种作品等，是评价的重要依据。

（四）承认和关注幼儿的个体差异，避免用划一的标准评价不同的幼儿，在幼儿面前慎用横向的比较。

（五）以发展的眼光看待幼儿，既要了解现有水平，更要关注其发展的速度、特点和倾向等。

附录3　幼儿园教师专业标准（试行）

（中华人民共和国教育部　2012.2）

为促进幼儿园教师专业发展，建设高素质幼儿园教师队伍，根据《中华人民共和国教师法》，特制定《幼儿园教师专业标准（试行）》（以下简称《专业标准》）。

幼儿园教师是履行幼儿园教育教学工作职责的专业人员，需要经过严格的培养与培训，具有良好的职业道德，掌握系统的专业知识和专业技能。《专业标准》是国家对合格幼儿园教师专业素质的基本要求，是幼儿园教师实施保教行为的基本规范，是引领幼儿园教师专业发展的基本准则，是幼儿园教师培养、准入、培训、考核等工作的重要依据。

一、基本理念

（一）师德为先

热爱学前教育事业，具有职业理想，践行社会主义核心价值体系，履行教师职业道德规范，依法执教。关爱幼儿，尊重幼儿人格，富有爱心、责任心、耐心和细心；为人师表，教书育人，自尊自律，做幼儿健康成长的启蒙者和引路人。

（二）幼儿为本

尊重幼儿权益，以幼儿为主体，充分调动和发挥幼儿的主动性；遵循幼儿身心发展特点和保教活动规律，提供适合的教育，保障幼儿快乐健康成长。

（三）能力为重

把学前教育理论与保教实践相结合，突出保教实践能力；研究幼儿，遵循幼儿成长规律，提升保教工作专业化水平；坚持实践、反思、再实践、再反思，不断提高专业能力。

（四）终身学习

学习先进学前教育理论，了解国内外学前教育改革与发展的经验和做法；优化知识结构，提高文化素养；具有终身学习与持续发展的意识和能力，做终身学习的典范。

二、基本内容

维度	领域	基本要求
专业理念与师德	（一）职业理解与认识	1. 贯彻党和国家教育方针政策，遵守教育法律法规。 2. 理解幼儿保教工作的意义，热爱学前教育事业，具有职业理想和敬业精神。 3. 认同幼儿园教师的专业性和独特性，注重自身专业发展。 4. 具有良好职业道德修养，为人师表。 5. 具有团队合作精神，积极开展协作与交流
	（二）对幼儿的态度与行为	6. 关爱幼儿，重视幼儿身心健康，将保护幼儿生命安全放在首位。 7. 尊重幼儿人格，维护幼儿合法权益，平等对待每一位幼儿。不讽刺、挖苦、歧视幼儿，不体罚或变相体罚幼儿。 8. 信任幼儿，尊重个体差异，主动了解和满足有益于幼儿身心发展的不同需求。 9. 重视生活对幼儿健康成长的重要价值，积极创造条件，让幼儿拥有快乐的幼儿园生活
	（三）幼儿保育和教育的态度与行为	10. 注重保教结合，培育幼儿良好的意志品质，帮助幼儿养成良好的行为习惯。 11. 注重保护幼儿的好奇心，培养幼儿的想象力，发掘幼儿的兴趣爱好。 12. 重视环境和游戏对幼儿发展的独特作用，创设富有教育意义的环境氛围，将游戏作为幼儿的主要活动。 13. 重视丰富幼儿多方面的直接经验，将探索、交往等实践活动作为幼儿最重要的学习方式。 14. 重视自身日常态度言行对幼儿发展的重要影响与作用。 15. 重视幼儿园、家庭和社区的合作，综合利用各种资源
	（四）个人修养与行为	16. 富有爱心、责任心、耐心和细心。 17. 乐观向上、热情开朗，有亲和力。 18. 善于自我调节情绪，保持平和心态。 19. 勤于学习，不断进取。 20. 衣着整洁得体，语言规范健康，举止文明礼貌
专业知识	（五）幼儿发展知识	21. 了解关于幼儿生存、发展和保护的有关法律法规及政策规定。 22. 掌握不同年龄幼儿身心发展特点、规律和促进幼儿全面发展的策略与方法。 23. 了解幼儿在发展水平、速度与优势领域等方面的个体差异，掌握对应的策略与方法。 24. 了解幼儿发展中容易出现的问题与适宜的对策。 25. 了解有特殊需要幼儿的身心发展特点及教育策略与方法
	（六）幼儿保育和教育知识	26. 熟悉幼儿园教育的目标、任务、内容、要求和基本原则。 27. 掌握幼儿园各领域教育的学科特点与基本知识。 28. 掌握幼儿园环境创设、一日生活安排、游戏与教育活动、保育和班级管理的知识与方法。 29. 熟知幼儿园的安全应急预案，掌握意外事故和危险情况下幼儿安全防护与救助的基本方法。 30. 掌握观察、谈话、记录等了解幼儿的基本方法和教育心理学的基本原理和方法。 31. 了解0~3岁婴幼儿保教和幼小衔接的有关知识与基本方法

续表

维度	领域	基本要求
专业知识	（七）通识性知识	32. 具有一定的自然科学和人文社会科学知识。 33. 了解中国教育基本情况。 34. 具有相应的艺术欣赏与表现知识。 35. 具有一定的现代信息技术知识
专业能力	（八）环境的创设与利用	36. 建立良好的师幼关系，帮助幼儿建立良好的同伴关系，让幼儿感到温暖和愉悦。 37. 建立班级秩序与规则，营造良好的班级氛围，让幼儿感受到安全、舒适。 38. 创设有助于促进幼儿成长、学习、游戏的教育环境。 39. 合理利用资源，为幼儿提供和制作适合的玩教具和学习材料，引发和支持幼儿的主动活动
	（九）一日生活的组织与保育	40. 合理安排和组织一日生活的各个环节，将教育灵活地渗透到一日生活中。 41. 科学照料幼儿日常生活，指导和协助保育员做好班级常规保育和卫生工作。 42. 充分利用各种教育契机，对幼儿进行随机教育。 43. 有效保护幼儿，及时处理幼儿的常见事故，危险情况优先救护幼儿
	（十）游戏活动的支持与引导	44. 提供符合幼儿兴趣需要、年龄特点和发展目标的游戏条件。 45. 充分利用与合理设计游戏活动空间，提供丰富、适宜的游戏材料，支持、引发和促进幼儿的游戏。 46. 鼓励幼儿自主选择游戏内容、伙伴和材料，支持幼儿主动地、创造性地开展游戏，充分体验游戏的快乐和满足。 47. 引导幼儿在游戏活动中获得身体、认知、语言和社会性等多方面的发展
	（十一）教育活动的计划与实施	48. 制定阶段性的教育活动计划和具体活动方案。 49. 在教育活动中观察幼儿，根据幼儿的表现和需要，调整活动，给予适宜的指导。 50. 在教育活动的设计和实施中体现趣味性、综合性和生活化，灵活运用各种组织形式和适宜的教育方式。 51. 提供更多的操作探索、交流合作、表达表现的机会，支持和促进幼儿主动学习
	（十二）激励与评价	52. 关注幼儿日常表现，及时发现和赏识每个幼儿的点滴进步，注重激发和保护幼儿的积极性、自信心。 53. 有效运用观察、谈话、家园联系、作品分析等多种方法，客观地、全面地了解和评价幼儿。 54. 有效运用评价结果，指导下一步教育活动的开展
	（十三）沟通与合作	55. 使用符合幼儿年龄特点的语言进行保教工作。 56. 善于倾听，和蔼可亲，与幼儿进行有效沟通。 57. 与同事合作交流，分享经验和资源，共同发展。 58. 与家长进行有效沟通合作，共同促进幼儿发展。 59. 协助幼儿园与社区建立合作互助的良好关系
	（十四）反思与发展	60. 主动收集分析相关信息，不断进行反思，改进保教工作。 61. 针对保教工作中的现实需要与问题，进行探索和研究。 62. 制定专业发展规划，积极参加专业培训，不断提高自身专业素质

三、实施建议

（一）各级教育行政部门要将《专业标准》作为幼儿园教师队伍建设的基本依据。根据学前教育改革发展的需要，充分发挥《专业标准》引领和导向作用，深化教师教育改革，建立教师教育质量保障体系，不断提高幼儿园教师培养培训质量。制定幼儿园教师准入标准，严把幼儿园教师入口关；制定幼儿园教师聘任（聘用）、考核、退出等管理制度，保障教师合法权益，形成科学有效的幼儿园教师队伍管理和督导机制。

（二）开展幼儿园教师教育的院校要将《专业标准》作为幼儿园教师培养培训的主要依据。重视幼儿园教师职业特点，加强学前教育学科和专业建设。完善幼儿园教师培养培训方案，科学设置教师教育课程，改革教育教学方式；重视幼儿园教师职业道德教育，重视社会实践和教育实习；加强从事幼儿园教师教育的师资队伍建设，建立科学的质量评价制度。

（三）幼儿园要将《专业标准》作为教师管理的重要依据。制定幼儿园教师专业发展规划，注重教师职业理想与职业道德教育，增强教师育人的责任感与使命感；开展园本研修，促进教师专业发展；完善教师岗位职责和考核评价制度，健全幼儿园教师绩效管理机制。

（四）幼儿园教师要将《专业标准》作为自身专业发展的基本依据。制定自我专业发展规划，爱岗敬业，增强专业发展自觉性；大胆开展保教实践，不断创新；积极进行自我评价，主动参加教师培训和自主研修，逐步提升专业发展水平。

参考文献

[1] 李红霞，朱萍，周玲玲. 幼儿园教育政策法规［M］. 北京：高等教育出版社，2015.
[2] 童宪明. 幼儿教育法规与政策［M］. 上海：复旦大学出版社，2015.
[3] 唐淑，孔起英. 幼儿园课程基本理论和整体改革［M］. 南京：南京师范大学出版社，2010.
[4] 朱家雄. 幼儿园课程［M］. 上海：上海华东师范大学出版社，2003.
[5] 丁海东. 保教知识与能力［M］. 北京：北京大学出版社，2014.
[6] 李跃儿. 孩子是教，教育是鞋［M］. 上海：华东师范大学出版社，2014.
[7] 阮素莲. 幼儿园课程概论［M］. 北京：高等教育出版社，2014.
[8] 桂景宣. 学前教育概论［M］. 北京：高等教育出版社，2007.
[9] 陈文华. 幼儿园课程论［M］. 北京：科学出版社，2014.
[10] 朱家雄. 幼儿园教育活动设计与实施［M］. 北京：高等教育出版社，2015.
[11] 张淑琼. 幼儿园教育活动设计与实施［M］. 北京：北京师范大学出版社，2015.
[12] 黄瑾. 幼儿教育法规与指导［M］. 上海：华东师范大学出版社，2015.
[13] 郑健成. 学前教育学［M］. 上海：复旦大学出版社，2015.
[14] 朱宗顺，陈文华. 学前教育学［M］. 北京：北京师范大学出版社，2015.
[15] 文红欣. 幼儿园组织与管理［M］. 北京：教育科学出版社，2015.
[16] 罗长国，胡玉智. 幼儿园管理［M］. 北京：高等教育出版社，2015.
[17] 黄甫全，王嘉毅. 课程与教学论［M］. 北京：高等教育出版社，2009.
[18] 李玮，李艳丽. 幼儿园课程［M］. 北京：中国轻工业出版社，2016.
[19] 朱家雄，赵俊婷. 幼儿园课程概论［M］. 北京：北京出版社，2014.
[20] 张亚军. 幼儿园课程概论［M］. 上海：华东师范大学出版社，2014.
[21] 邵小佩. 幼儿园课程与教学［M］. 北京：北京师范大学出版社，2015.
[22] 翟理红. 学前儿童游戏教程［M］. 上海：复旦大学出版社，2006.
[23] 陈秉龙，高培仁. 幼儿园教育活动设计与指导［M］. 武汉：华中师范大学出版社，2015.
[24] 冯晓霞. 幼儿园课程［M］. 北京：北京师范大学出版社，2000.
[25] 施燕. 学前儿童科学教育［M］. 上海：华东师范大学出版社，2010.
[26] 姜晓燕，郭咏. 学前儿童语言教育［M］. 北京：高等教育出版社，2011.
[27] 施燕. 学前儿童科学教育与活动指导［M］. 上海：华东师范大学出版社，2014.

[28] 俞春晓．幼儿园集体教学活动设计方法与实例［M］．北京：中国轻工业出版社，2012．

[29] 虞永平．用渗透的思维建设幼儿园课程［J］．幼儿教育（教师版），2005（1）．

[30] 曹能秀．上世纪80年代以来我国幼儿教育课程改革述评［J］．学前教育研究，2003（9）．

[31] 王春燕．百年中国学前教育课程变革的历史启示［J］．山东教育（下），2003（10）．

[32] 王春燕．中国学前课程百年发展变革的特点与启示［J］．教育研究，2008（9）．

[33] 石丽娟．对20世纪80年代以来中国学前课程改革的研究［D］．华南师范大学，2003．

[34] 程方生．幼儿园课程改革的实践批判［J］．江西教育科研，2006（5）．

[35] 张爱华，晓黛．幼儿园课程改革的文化诉求［J］．教育导刊，2007（2）．

[36] 周兢．幼儿园课程发展多元化和本土化共生的走向（上）［J］．幼儿教育，2003（3）．

[37] 赵南．"最近发展区"概念解析及其对幼儿园教学的启示［J］．学前教育研究，2006（9）．

[38] 刘晓东．从学习取向到成长取向：中国学前教育变革的方向［J］．学前教育研究，2006（4）．

[39] 冯晓霞．弹性计划——师生共同建构课程［J］．学前教育，2000（4）．

[40] 蔡红梅．20世纪我国幼儿园课程改革的历史回顾［J］．南京晓庄学院学报，2005（2）．

[41] 王春燕．百年中国幼儿园课程改革的回顾及反思［J］．幼儿教育，2009（8）．

[42] 秦光兰，杨春燕．从典型课程方案看21世纪以来我国幼儿园课程发展的特点［J］．学前教育研究，2013（12）．

[43] 邓志伟．二十一世纪世界幼儿教育课程发展的趋势［J］．比较教育研究，1998（6）．

[44] 李莉．建国60年来我国幼儿园课程理论的发展历程与问题反思［J］．幼儿教育，2009（10）．

[45] 张月月，黄朝宾．我国学前教育课程的历史发展及启示［J］．新课程研究，2014（10）．

[46] 潘茂明．我国幼儿园课程发展的路径分析［J］．早期教育，2013（6）．

[47] 赵南．中国学前课程百年发展与变革的基本特点［J］．长沙师范专科学校学报，2008（3）．

[48] 虞永平．回到过程之中——幼儿园课程建设的路向［J］．学前课程研究，2007（2）．

[49] 邬春芹．世界发达国家幼儿教育课程改革的五大特征［J］．早期教育，2009（4）．